Jewish Wisdom

An Album of Classic and Insp[...]
Quotations by Torah Perso[...]

GW00683789

ARTSCROLL® SERIES

GREAT JEWISH WISDOM

© *Copyright 2014 by* Mesorah Publications, Ltd.
First edition – First impression: June, 2014

ALL RIGHTS RESERVED

Published by **MESORAH PUBLICATIONS, LTD.**
4401 Second Avenue / Brooklyn, N.Y 11232 / (718) 921-9000 / www.artscroll.com
e-mail: comments@mesorah.com

Distributed in Israel by **SIFRIATI / A. GITLER**
Moshav Magshimim / Israel

Distributed in Europe by **LEHMANN**
Unit E, Viking Business Park / Rolling Mill Road
Jarow, Tyne & Wear / NE32 3DP England

Distributed in Australia and New Zealand by
GOLDS WORLDS OF JUDAICA
3-13 William Street / Balaclava, Melbourne 3183
Victoria, Australia

Distributed in South Africa by **KOLLEL BOOKSHOP**
Northfield Centre / 17 Northfield Avenue
Glenhazel 2192 / Johannesburg, South Africa

Printed in China

ISBN-10: 1-4226-1502-2 / ISBN-13: 978-1-4226-1502-7

This *sefer* is lovingly dedicated to the memory of

R' ZVI (BJORN) BAMBERGER
החבר ר' צבי בן החבר ר' משה הלוי ז"ל
נפטר בד' תשרי תשע"ג

A scion of illustrious rabbinic ancestry
from Wurzburg, Germany, he faithfully transmitted
his heritage through the publishing of important
volumes of the scholarship of his forebears.
Endowed with a noble heart and a magnanimous nature,
he built, led, and supported great Torah institutions
and worthy Jewish causes.
His warm words made people feel special;
his wit uplifted their spirits.

He is dearly missed by his family
and by all those whose lives he touched.

ת.נ.צ.ב.ה.

INTRODUCTION

Several years ago I set out on a quest to explore the vast hearts and infinite souls of our eminent Torah luminaries from new and different angles: Anthologizing their personal correspondences, their moving public addresses, and their pithy observations, then bringing these texts to life with striking graphics and rare images. It has been a most exciting and fascinating adventure, which *b'ezras Hashem* has resulted in the publication of a trilogy of *sefarim*.

The first volume, *Great Jewish Letters,* presented the important rabbinic epistles of the last millennium. *Great Jewish Speeches*, the second installment, concentrated on the rich oratory of our Torah leaders. Now, *Great Jewish Wisdom* reflects upon the profound advice, aphorisms, and adages of the *Chachmei Yisrael*, setting their wise words upon a dramatic backdrop of fine photography.

While the first two volumes were printed as large, coffee-table editions, this volume of the series is published in a smaller format, to match its succinct quotations and to better allow for personal meditation. The book was designed to be kept close at hand, as a dependable source of clarity and truth in an ever-changing and uncertain world.

I am proud that ArtScroll/Mesorah Publications, the gold standard in Torah literature, is the publisher of these three works. Rabbi Meir Zlotowitz and Rabbi Nosson Scherman, along with their entire staff, have always been exceedingly professional and gracious.

This book is dedicated to the memory of my beloved father, *HaChaver* R' Zvi Halevi (Bjorn) Bamberger, *z"l,* who passed away on 4 Tishrei 5773. A communal leader and a generous supporter of Torah causes, he was a constant reservoir of wit, wisdom, and warmth. Frequently he would infuse his captivating conversations with relevant sayings of our Sages, seamlessly weaving their expressions into his. May the inspiration which emerges from this *sefer* be a source of merit for my father's *neshamah*.

My dear mother, Mrs. Carol Bamberger, is a woman of virtue and grace; all she does for me and my family is so deeply appreciated. I sincerely cherish the care and kindness of my in-laws, Mr. and Mrs. Martin Tropper. I am indebted to HaRav Doniel Lander for entrusting me with the responsibility to serve as the Mashgiach Ruchani of Beis Medrash L'Talmud / Lander College for Men.

Mrs. Tzini Fruchthandler, my talented graphic artist, did a superb job in designing the exquisite look and feel of this work and expertly preparing it for publication.

The beautiful images of *Gedolim* in this book were graciously provided by my good friends R' Dovid Ribner (Get The Picture, 917-853-8435), R' Tzvi Friedman (The Perfect Portrait, Lakewood, N.J.), and R' Yitzchak Twersky.

The lion's share of credit for this book belongs to my extraordinary wife, Risa, who constantly provides the motivation to aim higher. May we be blessed with continued *nachas* from our beautiful children, Shlomo Zalman, Chava, Frieda, Golda, and Yitzchak Dov, and celebrate only *simchos* together.

This *sefer* is being released in honor of the special occasion of the Bar Mitzvah of our precious *bechor,* Shlomo Zalman. He has enriched our lives and makes us so very proud. Our *tefillah* is that the sound guidance and moral direction of our *Gedolim* found in this book be a steady compass for Shlomo Zalman as he navigates his important journey through life.

Moshe Bamberger
New York 5774

**THE ALTER OF SLABODKA,
RABBI NOSSON TZVI FINKEL** (1849–1927),
was the founder of the legendary yeshiva of Slabodka, Lithuania,
where he emphasized the greatness of man, inspiring each
of his students to strive to attain his unique potential.

PHOTO: PAINTING OF A YESHIVA BOY. ISIDOR KAUFMANN (1853–1921).
THE BRIDGEMAN ART LIBRARY

"THE TORAH IS NOT LACKING
EVEN TO THE MOST ACCOMPLISHED SCHOLAR,
NOR IS IT BEYOND THE GRASP OF THE
SIMPLEST SCHOOLCHILD."

The Alter of Slabodka

RABBI YISRAEL LIPKIN OF SALANT
(1810–1883) was the father of the Mussar movement, inspiring Jews toward character refinement and self-awareness.

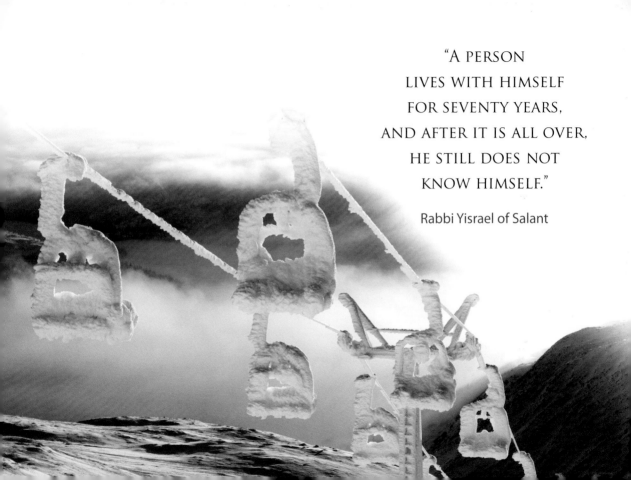

"A PERSON
LIVES WITH HIMSELF
FOR SEVENTY YEARS,
AND AFTER IT IS ALL OVER,
HE STILL DOES NOT
KNOW HIMSELF."

Rabbi Yisrael of Salant

RABBI MOSHE FEINSTEIN
(1895–1986) was the Rosh Yeshiva of
Mesivtha Tifereth Jerusalem in the Lower East Side of New York,
as well as the leading Halachic authority of his time.

PHOTO: SIAVASH GHAZVINIAN/ WIKIMEDIA COMMONS

"In America there is a popular expression,
'I've got *plenty* of time';
I wish they could donate some time to me,
since I never have enough!"

Rabbi Moshe Feinstein

THE KOTZKER REBBE,
RABBI MENACHEM MENDEL MORGENSTERN
(1787-1859), was known for his pursuit of truth and his keen observations.

Where is God found?
In the place where
He is allowed entry."

The Kotzker Rebbe

RABBI YERUCHAM LEVOVITZ
(1874–1936), a leading Mussar personality,
was the *Mashgiach Ruchani* of the yeshiva
in Mir, Poland, and author of *Da'as Chochmah U'Mussar*.

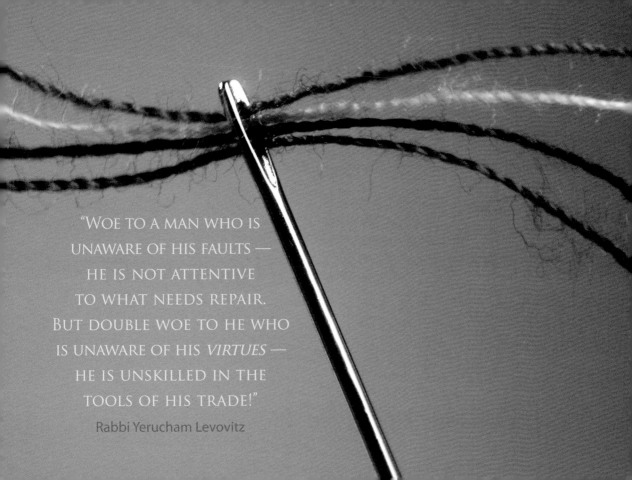

"WOE TO A MAN WHO IS
UNAWARE OF HIS FAULTS —
HE IS NOT ATTENTIVE
TO WHAT NEEDS REPAIR.
BUT DOUBLE WOE TO HE WHO
IS UNAWARE OF HIS *VIRTUES* —
HE IS UNSKILLED IN THE
TOOLS OF HIS TRADE!"

Rabbi Yerucham Levovitz

RABBI YEHUDAH MUSCATO
(1530–1593) of Italy was a great rabbinic leader
as well as a poet and philosopher.

PHOTO: SPACE SHUTTLE ASTRONAUT BY NASA/ WIKIMEDIA COMMONS

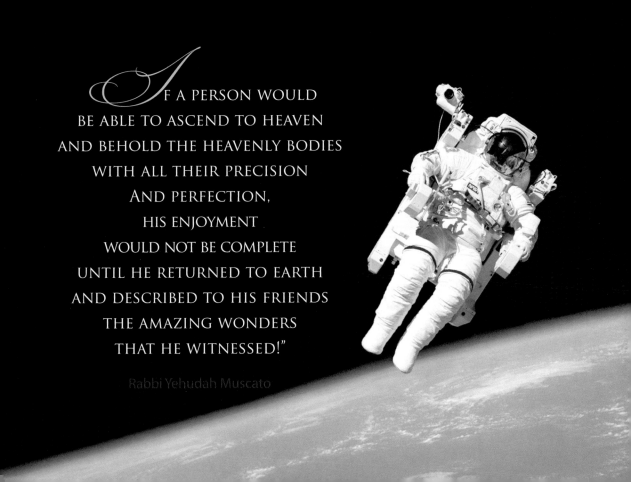

"If a person would be able to ascend to heaven and behold the heavenly bodies with all their precision and perfection, his enjoyment would not be complete until he returned to earth and described to his friends the amazing wonders that he witnessed!"

Rabbi Yehudah Muscato

THE VILNA GAON, RABBI ELIYAHU OF VILNA
(1720-1797), was one of the greatest Torah scholars of the past
many centuries, who mastered every aspect of Torah knowledge.

PHOTO: MARINE CORPS RECRUIT TRAINING/ WIKIMEDIA COMMONS

"IF MAN IS NOT
ASCENDING,
HE IS INEVITABLY
DESCENDING."

The Vilna Gaon

RABBI CHAIM OF VOLOZHIN
(1749–1821) was a leading
disciple of the Vilna Gaon (1720–1797),
author of *Nefesh HaChaim* and other works,
and founder of the famed Volozhin Yeshiva.

PHOTO: A LIFE SAVER AT CLOVELLY, NORTH DEVON, UK.
XLIBBER/ WIKIMEDIA COMMONS

*T*HIS IS THE
ENTIRETY OF MAN:
NOT FOR HIMSELF
WAS MAN CREATED,
BUT INSTEAD
TO HELP OTHERS
TO THE EXTENT
OF HIS ABILITY
TO DO SO."

Rabbi Chaim of Volozhin

THE ROGOTCHOVER GAON, RABBI YOSEF ROSEN (1858–1936), was among the greatest Talmudic geniuses of his time. He served as the Rabbi of the Chassidic community in Dvinsk for almost 50 years.

"When I pray,
I talk to God;

When I learn,
God talks to me."

The Rogotchover Gaon

THE ALTER OF NOVORDOK, RABBI YOSEF YOZEL HURWITZ (1848–1919), was a leader of the Mussar movement and the founder of a large network of yeshivos, whose teachings focused on complete faith and trust in God coupled with self-abnegation.

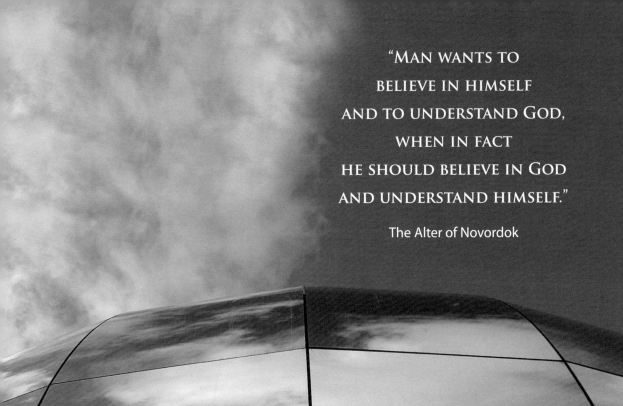

"MAN WANTS TO
BELIEVE IN HIMSELF
AND TO UNDERSTAND GOD,
WHEN IN FACT
HE SHOULD BELIEVE IN GOD
AND UNDERSTAND HIMSELF."

The Alter of Novordok

THE CHIDUSHEI HARIM, RABBI YITZCHAK MEIR ALTER (1799–1866), founder of the Ger Chassidus, was a brilliant Talmudic scholar who wrote many classic Torah works.

"'The heavens are God's
and the earth He gave to man' (Psalms 115:16)
— He gave the earth to man so that man
should make it Heavenly."

Chidushei HaRim

RABBI AVRAHAM YAAKOV HACOHEN PAM

(1913–2001) served as Rosh Yeshiva of Torah Vodaath in Brooklyn, New York, and established Shuvu, an organization that provides young immigrants to Israel, largely from the former Soviet Union, with a Jewish education in a loving environment.

PHOTO: JEWISH CHILDREN WITH THEIR TEACHER IN
SAMARKAND, KAZAKHSTAN, IN THE EARLY 20TH CENTURY.
SERGEI MIKHAILOVICH PRODUKIN-GORSKII/ WIKIMEDIA COMMONS

"DON'T TEACH SUBJECTS
— TEACH STUDENTS."

Rabbi Avraham Pam

THE MAGGID OF MEZRITCH, RAV DOV BER (1704–1772), was a disciple of the Ba'al Shem Tov (1698-1760), the founder of the Chassidic movement, and was chosen as his successor. The Maggid was reponsible for the successful dissemination of the movement, as his disciples became major Chassidic leaders.

*W*E CAN LEARN
THREE THINGS
FROM LITTLE CHILDREN:
THEY ARE ALWAYS HAPPY;
THEY ARE ALWAYS BUSY; AND,
WHEN THEY NEED SOMETHING,
THEY CRY OUT."

The Maggid of Mezritch

RABBEINU SHLOMO IBN GABIROL

(1021–1058), the 11th-century Spanish poet and philosopher, composed hundreds of Jewish liturgical poems and a collection of wise aphorisms in his short life.

"THE FRUIT OF HASTE IS REGRET."

Rabbeinu Shlomo ibn Gabirol

THE KOTZKER REBBE,
RABBI MENACHEM MENDEL MORGENSTERN
(1787–1859), was known for his pursuit of truth and his keen observations.

"THERE IS
NOTHING AS WHOLE
AS A BROKEN HEART."

The Kotzker Rebbe

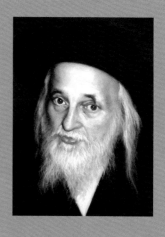

THE SATMAR RAV, RABBI YOEL TEITELBAUM (1888–1979), was a Torah scholar and Chassidic leader. A survivor of World War II, he reestablished one of the largest Chassidic courts in the United States.

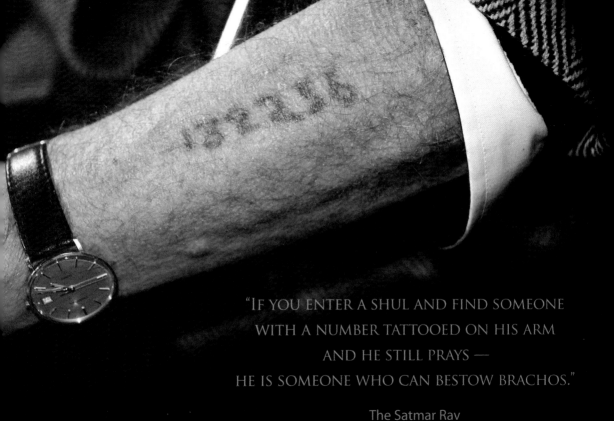

"IF YOU ENTER A SHUL AND FIND SOMEONE
WITH A NUMBER TATTOOED ON HIS ARM
AND HE STILL PRAYS —
HE IS SOMEONE WHO CAN BESTOW BRACHOS."

The Satmar Rav

RABBI MORDECHAI GIFTER
(1915–2001) was Rosh Yeshiva of Telshe in Cleveland. He was known for his brilliant oratory and his well-articulated Torah perspectives.

$\mathcal{W}$E DON'T MAKE A LIVING
— WE *TAKE* A LIVING."

Rabbi Mordechai Gifter

RABBEINU YONAH

(1180–1263) of Gerondi, Spain,
was a great Torah scholar and author of renowned works,
including *Sha'arei Teshuvah*, a fundamental of Mussar literature.

PHOTO: PAINTING "TALMUDISTS SCHOOL." SAMUEL HIRSZENBERG.
ZORRO2212/ WIKIMEDIA COMMONS

"IF ONE DOES NOT AWAKEN HIMSELF,
HOW WILL HE BE HELPED BY MUSSAR?"

Rabbeinu Yonah

THE KOTZKER REBBE,
RABBI MENACHEM MENDEL MORGENSTERN
(1787–1859), was known for his pursuit
of truth and his keen observations.

PHOTO: PAIR OF AUSTRALIAN PELICANS. JJ HARRISON/ WIKIMEDIA COMMONS

"IF I AM I
BECAUSE I AM I,
AND YOU ARE YOU
BECAUSE YOU ARE YOU,
THEN I AM I
AND YOU ARE YOU.
BUT if I AM I
BECAUSE YOU ARE YOU,
AND YOU ARE YOU
BECAUSE I AM I,
THEN I AM NOT I
AND YOU ARE NOT YOU!"

The Kotzker Rebbe

RABBI AVRAHAM GRODZINSKI
(1883–1944) was *Mashgiach Ruchani* of the
Slabodka yeshiva; he was martyred in World War II.

PHOTO: RED DEER BY LUC VIATOUR WWW.LUCINEX.BE/ WIKIMEDIA COMMONS

"ALACRITY
IS NOT ONLY
IN THE FEET,
BUT ALSO
— AND PERHAPS MAINLY —
IN THE MIND."

Rabbi Avraham Grodzinsky

THE RAMBAM, RABBI MOSHE BEN MAIMON (1135-1204), was one of the leading Torah scholars of the Middle Ages. A fundamental pillar of Halacha and Jewish thought, he authored many works including *Mishneh Torah*, a comprehensive code of Jewish law, and *Moreh Nevuchim* (*Guide to the Perplexed*), a classic work of Jewish philosophy.

*I*F A NOBLEMAN COMMANDS HIS SERVANTS
TO BUILD FOR HIM A MAGNIFICENT PALACE,
IT IS POSSIBLE THAT GOD WILLED THIS TO HAPPEN
JUST SO THAT WHEN ONE RIGHTEOUS PERSON
COMES TO THAT SPOT MANY YEARS LATER,
HE WILL BE ABLE TO REST IN THE SHADE OF ITS WALLS
AND PROTECT HIMSELF FROM THE SCORCHING SUN."

The Rambam

RABBI AVRAHAM YAAKOV FRIEDMAN OF SADIGORA
(1884–1961) was the third Rebbe of the Sadigora Chassidic dynasty. He arrived in Israel in 1938, where he reestablished his Chassidic court.

"Technology teaches us important lessons:

From trains we learn that every minute in life is important — a person may miss the train if he arrives even one minute late.

The telegraph teaches us that our every word is accounted for and carries a cost.

And the telephone teaches us that everything that is said here is heard there."

Rabbi Avraham Yaakov Friedman of Sadigora

THE DIVREI CHAIM, RABBI CHAIM HALBERSTAM OF SANZ
(1793–1876), was the founder of the Sanzer Chassidic dynasty,
and a leading Torah scholar and halachic authority.

PHOTO: PORTRAIT OF A PRAYING UNKNOWN MAN
BY CORREGGIO, C. 1525/ WIKIMEDIA COMMONS

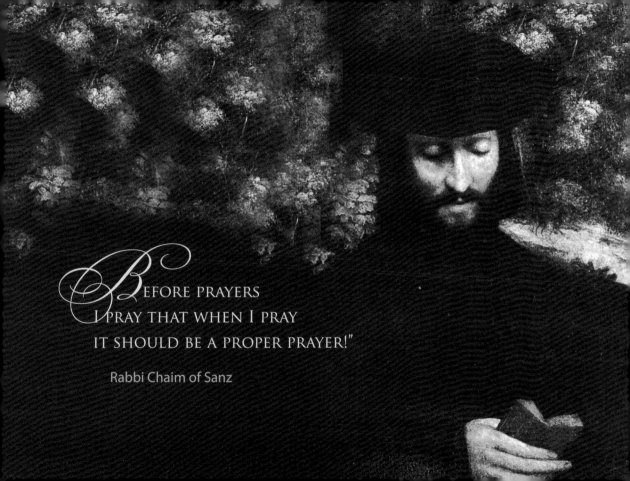

"Before prayers
I pray that when I pray
it should be a proper prayer!"

Rabbi Chaim of Sanz

"IF YOU BELIEVE THAT IT IS POSSIBLE TO BREAK, BELIEVE IT IS ALSO POSSIBLE TO FIX."

Rabbi Nachman of Breslov

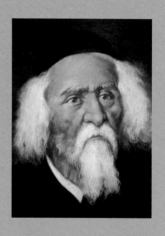

THE BAIS HALEVI, RABBI YOSEF DOV SOLOVEITCHIK (1820–1892) of Brisk, was a Rosh Yeshiva, author of numerous classic works, and the first in the illustrious Brisker dynasty.

*S*imchas Torah
— The name
of this festival
implies that
more than the
Jew being happy
with the Torah,
the Torah
must be happy
with the Jew."

The Bais HaLevi

RABBEINU BACHYA IBN PEKUDA
was a Spanish Jewish philosopher
who lived in the first half of the eleventh century
and authored the ethical classic *Chovos HaLevavos*, *Duties of the Heart*.

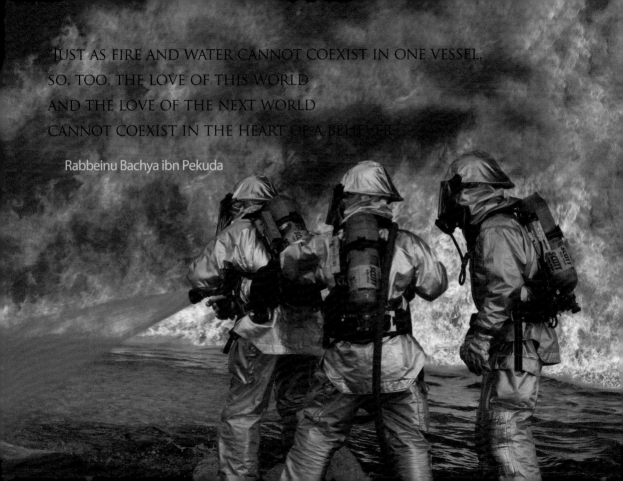

"Just as fire and water cannot coexist in one vessel,
so, too, the love of this world
and the love of the next world
cannot coexist in the heart of a believer."

Rabbeinu Bachya ibn Pekuda

RABBI AVRAHAM YAAKOV HACOHEN PAM
(1913–2001) served as Rosh Yeshiva of Torah Vodaath in Brooklyn, New York, and was one of American Jewry's most beloved Torah leaders.

*P*EOPLE ARE
ALWAYS SEARCHING
FOR THE CITY
OF HAPPINESS,
BUT THEY
DON'T REALIZE
THAT IT IS
A STATE OF MIND."

Saying oft-quoted by
Rabbi Avraham Pam

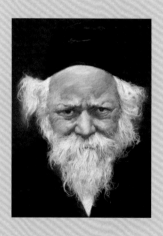

RABBI BORUCH BER LEIBOWITZ
(1870–1940), the Rosh Yeshiva of Kaminetz and author of *Bircas Shmuel*, was a key disciple of Rabbi Chaim Soloveitchik (1853–1918) of Brisk.

"WITH WHAT MERIT WILL I COME TO THE WORLD OF TRUTH?
TORAH? DO I TRULY HAVE TORAH?
FEAR OF HEAVEN? DO I TRULY HAVE FEAR OF HEAVEN?
… WITH BUT ONE MERIT WILL I COME — THAT I LOVE JEWS!"

Rabbi Boruch Ber Lebowitz

RABBEINU BACHYA IBN PEKUDA
was a Spanish Jewish philosopher
who lived in the first half of the eleventh century
and authored the ethical classic *Chovos HaLevavos*, *Duties of the Heart*.

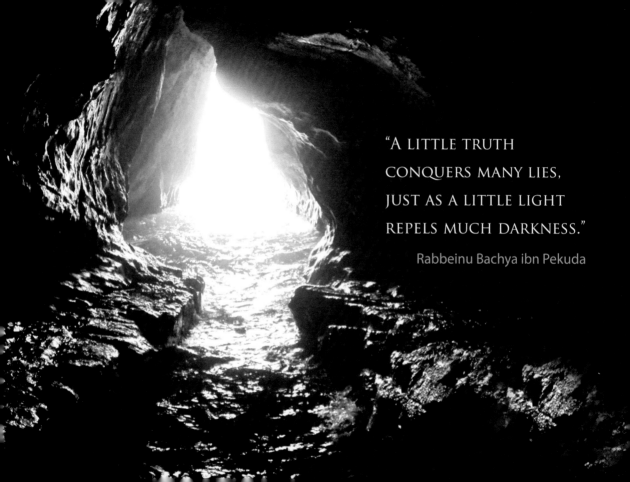

"A LITTLE TRUTH
CONQUERS MANY LIES,
JUST AS A LITTLE LIGHT
REPELS MUCH DARKNESS."

Rabbeinu Bachya ibn Pekuda

RABBI SIMCHA BUNIM OF PSHISCHA
(1765–1827), a Rebbe of Rebbes, was the progenitor of "Polish Chassidus," which included Kotzk, Ger, Alexander, Sochatchov, and others. These groups melded Chassidic practice with intense Torah study and introspection.

*Every person
needs to carry
two notes in his pocket.
On one should be written,
    'The world was
    created for me,'
and on the other,
    'I am but dust and ashes.'
And one must be judicious to
read each note
in its proper time."*

Rabbi Simcha Bunim of Pshischa

THE BA'AL SHEM TOV, RABBI YISRAEL BEN ELIEZER (1698–1760), was the founder and chief architect of the Chassidus movement.

PHOTO: XLIBBER/ WIKIMEDIA COMMONS

GOD IS YOUR SHADOW' (PSALMS 121:5)
— AS MAN ACTS, GOD REACTS."

The Ba'al Shem Tov

RABBI AVRAHAM, THE MAGGID OF TRISK,
(d. 1889), was one of eight sons of the tzaddik,
Rabbi Mordechai of Chernobyl (1770–1837). He was known as a
master of prayer and for bestowing powerful blessings.

PHOTO: FIREBOX ON A STEAM TRAIN.
MARK PELLIGRINI/ WIKIMEDIA COMMONS

"MANY PEOPLE ARE LIKE A METAL FURNACE;
ONE MINUTE THEY BURN HOT LIKE A FLAME,
BUT SOON THEY TURN AS COLD AS ICE."

The Maggid of Trisk

RABBI YITZCHAK HUTNER

(1906-1980), Rosh Yeshiva of Yeshivas Rabbeinu Chaim Berlin, was known for carefully cultivating each student's unique potential, and for his deep and brilliant discourses, which have been published as *Pachad Yitzchak*.

"TORAH IS NOT BUILT — IT'S PLANTED."

Rabbi Yitzchak Hutner

RABBI CHAIM OF VOLOZHIN
(1749–1821) was a leading disciple of the Vilna Gaon (1720–1797), author of *Nefesh HaChaim* and other works, and founder of the famed Volozhin Yeshiva.

"THE LAST STANZIA (WAY STATION) TO WHICH TORAH WILL BE EXILED BEFORE THE ADVENT OF MASHIACH IS AMERICA."

Rabbi Chaim of Volozhin

RABBI MOSHE OF RAZVADOV
(1828–1894) was a descendant of the
Ropshitz Chassidic dynasty who led his own Chassidic court.

PHOTO: MATHIAS KRUMBHOLZ/ WIKIMEDIA COMMONS

"ONE
WHO HAS
NO FEAR
OF THUNDER
AND LIGHTNING
IS EITHER
COMPLETELY RIGHTEOUS
OR
COMPLETELY WICKED."

Rabbi Moshe of Razvadov

THE KLAUSENBERGER REBBE, RABBI YEKUSIEL YEHUDAH HALBERSTAM (1905–1994), lost his wife and eleven children in Auschwitz during the Holocaust, as he suffered in several concentration camps. After the war, he built a new family and reestablished his Chassidus.

In the war
I lost my entire family —
I simply lost everything;
but God I did not lose."

Klausenberger Rebbe

RABBI YISRAEL LIPKIN OF SALANT
(1810-1883) was the father of the Mussar movement,
inspiring Jews toward character refinement and self-awareness.

PHOTO: U.S. DEPARTMENT OF AGRICULTURE/ WIKIMEDIA COMMONS

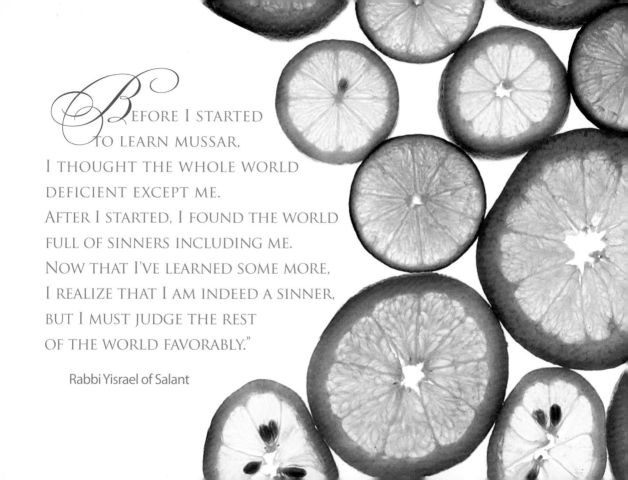

$\mathcal{B}$EFORE I STARTED
TO LEARN MUSSAR,
I THOUGHT THE WHOLE WORLD
DEFICIENT EXCEPT ME.
AFTER I STARTED, I FOUND THE WORLD
FULL OF SINNERS INCLUDING ME.
NOW THAT I'VE LEARNED SOME MORE,
I REALIZE THAT I AM INDEED A SINNER,
BUT I MUST JUDGE THE REST
OF THE WORLD FAVORABLY."

Rabbi Yisrael of Salant

RABBEINU SA'ADIA GAON

(882–942) head of the yeshiva of Pumpedisa, was one of the greatest of the Geonim, author of many Torah works including *Emunos V´Deios* on Jewish philosophy.

"OUR NATION IS ONLY DEFINED AS A NATION THROUGH HER TORAH."

RABBI SHRAGA FEIVEL MENDLOWITZ (1886–1948) was the Menahel of Yeshiva Torah Vodaath, a founder of Torah Umesorah, and a pioneer and architect of Torah education in America.

$\mathcal{S}$OMEONE WHO BRINGS JUST
ONE CHAIR FOR HIMSELF
IS MERELY A SHLEPPER,
BUT ONE WHO BRINGS TWO,
ONE FOR HIMSELF
AND ONE FOR A FRIEND,
IS A BA'AL CHESED."

Rabbi Shraga Feivel Mendelowitz

THE PONOVEZHER RAV, RABBI YOSEF SHLOMO KAHANEMAN (1886–1969), was a visionary builder of Torah. After losing most of his family, community, and yeshiva in Ponovezh, Lithuania, during the Holocaust, he rebuilt the Ponovezh Yeshiva in Bnei Brak, and established many other institutions.

*W*E THINK THAT
WHEN OUR PRAYERS
GO UNANSWERED,
GOD WASN'T
RESPONSIVE TO US.
IN TRUTH, HE WAS.
HE RESPONDED,
'NO!'"

Ponovezher Rav

RABBI YEHOSHUA LEIB DISKIN
(1818–1898) served as Rabbi of Brisk before he moved to Jerusalem in 1877 and became a spiritual leader of the old *yishuv*.

PHOTO: ALEX PROIMOS/ WIKIMEDIA COMMONS

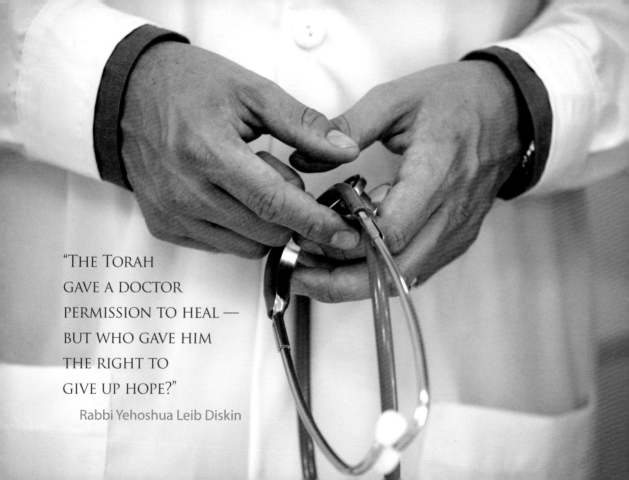

"THE TORAH
GAVE A DOCTOR
PERMISSION TO HEAL —
BUT WHO GAVE HIM
THE RIGHT TO
GIVE UP HOPE?"

Rabbi Yehoshua Leib Diskin

RABBI SHLOMO WOLBE
(1914–2005) was a leading Mussar personality
and author of the *Alei Shur*.

PHOTO: PAIR OF EUROPEAN BEE-EATERS FEEDING.
PIERRE DALOUS/ WIKIMEDIA COMMONS

"The Hebrew word for life, *Chayim*,
is in the plural form.
Indeed, life is an experience to be shared."

RABBI BORUCH OF MEZHIBOZH
(1753–1811) was a grandson of the Ba'al Shem Tov (1698–1760),
and inherited his Beis Medrash in Mezhibozh,
where he conducted his court with royalty.

"THERE ARE PEOPLE
WHO ARE AFRAID
OF SWALLOWING
AN ANT,
BUT ARE UNAFRAID
OF SWALLOWING
A MAN ALIVE."

Rabbi Boruch of Mezhibozh

RABBI MORDECHAI POGREMANSKY
(1903–1949) was an outstanding and charasmatic scholar in pre-war Lithuania who established a yeshiva in France after World War II.

A Jew is never lost
on his journey.
Wherever he
finds himself,
God has a reason
for placing him there.

Rabbi Mordechai Pogremansky

THE ARIZAL, RABBI ISAAC LURIA
(1534–1572) of Safed, was one of the greatest and most influential kabbalists, as well as a scholar of the "revealed" Torah.

"ALL OF MY
LOFTY SPIRITUAL
ACHIEVEMENTS
WERE ATTAINED
THROUGH JOY IN THE
PERFORMANCE OF A MITZVAH."

The Arizal

RABBI JOSEPH BREUER
(1882–1980) was a prominent Torah leader in Germany and the United States, founder of the renowned German-Jewish *Kehillah* in Washington Heights, New York.

"One must not only be 'Glatt Kosher' but 'Glatt Yosher*.'"

Rabbi Joseph Breuer

*Impeccably honest

RABBI SHLOMO ZALMAN AUERBACH
(1910–1995), Rosh Yeshiva of Yeshivas Kol Torah in Jerusalem,
was one of the leading halachic authorities of his time.

PHOTO: PAINTING, "COMMERCIAL INSTRUCTION." ISIDOR KAUFMANN (1853–1921)/
WIKIMEDIA COMMONS

"A FATHER ONCE ASKED ME TO GIVE HIS SON A BLESSING. INSTEAD, I TAUGHT HIM AN IMPORTANT LESSON: 'TEACH HIM TO SMILE!'"

Rabbi Shlomo Zalman Auerbach

THE PONOVEZHER RAV, RABBI YOSEF SHLOMO KAHANEMAN (1886–1969), was a heroic visionary who reestablished the illustrious Yeshiva of Ponovezh, Lithuania, in the city of Bnei Brak after the original institution was destroyed in the Holocaust. He also built orphanages in Israel to care for the heartbroken children rescued from the Churban of Europe.

PHOTO: ONE OF THE MOST FAMOUS PHOTOGRAPHS OF WWII, TAKEN OF THE ROUNDUP OF JEWS IN THE WARSAW GHETTO, 1943. JURGEN STROOP/ WIKIMEDIA COMMONS

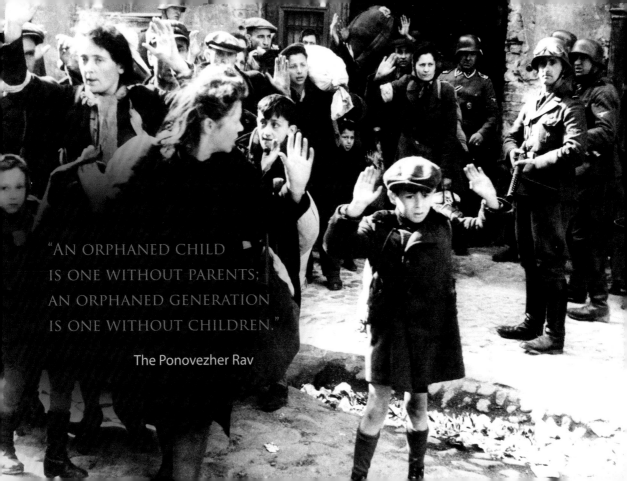

"AN ORPHANED CHILD
IS ONE WITHOUT PARENTS;
AN ORPHANED GENERATION
IS ONE WITHOUT CHILDREN."

The Ponovezher Rav

RABBI SAMSON RAPHAEL HIRSCH
(1808–1888) was a leading figure in the battle for Torah life in Germany, head of the Orthodox *Kehillah* of Frankfurt-am-Main, and a prolific author of many classic essays and books on Jewish thought.

Tears are the sweat of the soul."

Rabbi Samson Raphael Hirsch

RABBI YAAKOV EMDEN
(1697–1776) of Altona, also known as Ya'avetz, an acronym of Yaakov ben Tzvi
(he was the son of Rav Tzvi Hirsch Ashkenazi, known as the Chacham Tzvi),
was a major Torah personality and a forceful leader of his times.

PHOTO: ROMAN TRIUMPHAL ARCH PANEL COPY FROM BETH HATEFUTSOTH,
SHOWING SPOILS OF *BEIS HAMIKDASH*. STEERPIKE/ WIKIMEDIA COMMONS

"When I ponder the miracle of the survival of the Jewish people, it is in my mind greater than all the miracles and wonders that God performed for our ancestors in Egypt, in the Wilderness, and in the Land of Israel. The longer the exile persists, the more apparent the miracle becomes...."

Rabbi Yaakov Emden

THE CHOFETZ CHAIM, RABBI YISRAEL MEIR KAGAN
(1838-1933), a foremost leader of World Jewry renowned for his piety and scholarship, founded the Yeshiva of Radin and dedicated his long life to teaching and inspiring people regarding the laws of proper speech. He wrote numerous seminal works of Halacha and Mussar, including *Mishnah Berurah* and *Chofetz Chaim*.

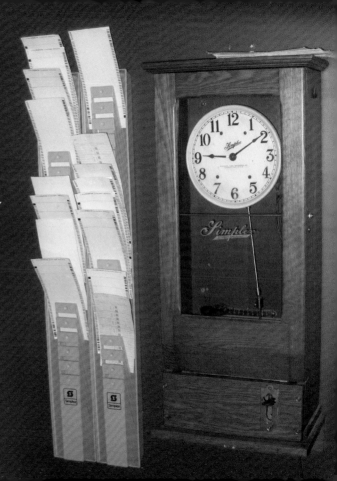

"THE WORLD SAYS
THAT TIME IS MONEY,
BUT I SAY
THAT MONEY IS TIME.
TO EARN ENOUGH MONEY
TO SATISFY HIS DESIRES,
MAN MUST SACRIFICE
SO MUCH TIME.
FOR ME,
THAT SACRIFICE
IS TOO GREAT."

The Chofetz Chaim

THE ALTER OF NOVORDOK, RABBI YOSEF YOZEL HURWITZ (1848-1919), was a leader of the Mussar movement and the founder of a large network of yeshivos, whose teachings focused on complete faith and trust in God coupled with self-abnegation.

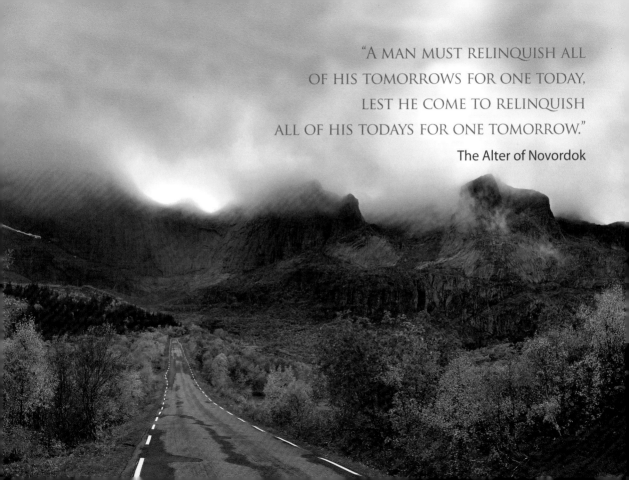

"A MAN MUST RELINQUISH ALL
OF HIS TOMORROWS FOR ONE TODAY,
LEST HE COME TO RELINQUISH
ALL OF HIS TODAYS FOR ONE TOMORROW."

The Alter of Novordok

THE ALTER OF SLABODKA, RABBI NOSSON TZVI FINKEL
(1849–1927), was the founder of the legendary yeshiva of
Slabodka, Lithuania, where he emphasized the greatness of man,
inspiring each of his students to strive to attain his unique potential.

PHOTO: THE PEACOCK PANSY IS A SPECIES OF NYMPHALID BUTTERFLY
FOUND IN SOUTH ASIA. JOYDEEP/ WIKIMEDIA COMMONS

"TESHUVAH IS NOT BECOMING BETTER;
IT IS BECOMING *DIFFERENT*."

The Alter of Slabodka

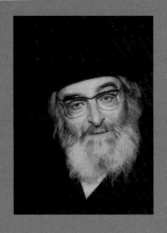

RABBI YITZCHAK HUTNER

(1906–1980), Rosh Yeshiva of Yeshivas Rabbeinu Chaim Berlin, was known for his deep and brilliant discourses which have been published as *Pachad Yitzchak*.

"THE WORLD'S PHILOSOPHERS STRUGGLE TO FIND A PLACE FOR GOD IN THE UNIVERSE; OUR SAGES STRUGGLE TO FIND A PLACE FOR THE UNIVERSE SINCE EVERYTHING IS GODLY!"

Rabbi Yitzchak Hutner

RABBI YISRAEL FRIEDMAN OF RIZHIN (1796–1850) was a righteous and regal Chassidic master in Ukraine and Austria.

"HOW DOES A TIGHTROPE WALKER MAINTAIN HIS BALANCE?
WHEN HE FEELS HIMSELF PULLED TO ONE SIDE,
HE IMMEDIATELY LEANS TOWARD THE OTHER SIDE.
WE MUST APPLY THIS TECHNIQUE TO LIFE IN GENERAL."

Rabbi Yisrael of Rizhin

RABBI ZUSHA OF ANAPOLI
(1718–1800), disciple of the Maggid of Mezeritch (1704–1772) and brother of Rabbi Elimelech of Lizhensk (1717–1787), was a famed Chassidic master known for maintaining his happiness in life despite his difficult challenges.

PHOTO: TARO TAYLOR/ WIKIMEDIA COMMONS

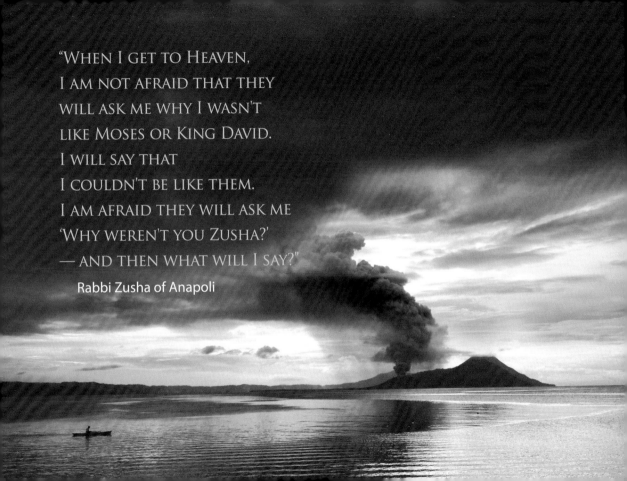

"WHEN I GET TO HEAVEN,
I AM NOT AFRAID THAT THEY
WILL ASK ME WHY I WASN'T
LIKE MOSES OR KING DAVID.
I WILL SAY THAT
I COULDN'T BE LIKE THEM.
I AM AFRAID THEY WILL ASK ME
'WHY WEREN'T YOU ZUSHA?'
— AND THEN WHAT WILL I SAY?"

Rabbi Zusha of Anapoli

RABBI SIMCHA BUNIM OF PSHISCHA
(1765–1827), a Rebbe of Rebbes, was the progenitor of "Polish Chassidus", which included Kotzk, Ger, Alexander, Sochatchov, and others. These groups melded chassidic practice with intense Torah study and introspection.

"Our decisions in life must be
as strategically calculated as a person playing chess.
See to it that any move you make is not later regretted."

Rabbi Simcha Bunim of Pshischa

THE RAMCHAL, RABBI MOSHE CHAIM LUZZATTO
(1707-1746), was a prominent Italian-born kabbalist,
ethicist, and philosopher, author of numerous seminal classics,
his most famous work being *Mesillas Yesharim*, *The Path of the Just*.

PHOTO: THE JUBILEE MAZE, AN OCTAGONAL HEDGE MAZE IN THE FOREST OF DEAN, UK.
NOTFROM UTRECHT/ WIKIMEDIA COMMONS

"LIFE IS LIKE A COMPLEX HEDGE MAZE
COMMON IN THE GARDENS OF ROYALTY, PLANTED FOR AMUSEMENT,
THE CHALLENGE BEING TO REACH A GAZEBO IN ITS CENTER ...
SEEKING GUIDANCE FROM SOMEONE WHO HAS ALREADY
MASTERED THE LABYRINTH, WHO STANDS ON THE ELEVATED GAZEBO
AND ADVISES THE CORRECT PATH TO TAKE, IS THE BEST WAY
TO AVOID CONFUSION AND REACH THE DESIGNATED POINT."

The Ramchal

RABBI NACHMAN OF BRESLOV
(1772–1810), a great-grandson of
the Ba'al Shem Tov (1698–1760),
was an influential Chassidic master.

PHOTO: SAKUL5/ WIKIMEDIA COMMONS

"THE ENTIRE WORLD
IS A VERY NARROW
BRIDGE [TO CROSS];
BUT MOST CRUCIAL
IS TO HAVE NO FEAR
WHATSOEVER."

Rabbi Nachman of Breslov

THE CHAZON ISH, RABBI AVRAHAM YESHAYA KARELITZ
(1878–1953), was a leading halachic authority who had an
important role in the post-war renaissance of Torah Jewry in Eretz Yisrael.

PHOTO: BOHRINGER FRIEDRICH/ WIKIMEDIA COMMONS

"A GADOL
IS LIKE A CIRCLE.
JUST AS A
LARGER CIRCLE
ENCOMPASSES
A GREATER AREA
WITHIN IT,
SO, TOO,
A GREATER
GADOL
CAN ENCOMPASS
MORE PEOPLE
WITHIN HIM."

The Chazon Ish

RABBI YISRAEL LIPKIN OF SALANT
(1810-1883) was the father of the Mussar movement,
inspiring Jews toward character refinement and self-awareness.

PHOTO: LIGHTNING STRIKING THE EIFFEL TOWER, 1902.
M.G. LOPPÉ/ WIKIMEDIA COMMONS

$\mathcal{W}$E ARE ONE PEOPLE.
WHEN A JEW GOSSIPS IN KOVNO,
A JEW IN PARIS DESECRATES
THE SHABBOS."

Rabbi Yisrael of Salant

RABBI CHAIM SOLOVEITCHIK
(1853–1918) of Brisk developed the
analytical approach to Talmudic study that has become
widely accepted throughout the Yeshiva world.

PHOTO: MENACHEM MENACHEMI/ WIKIMEDIA COMMONS

"If you cannot explain it, you do not understand it."

Rabbi Chaim Soloveitchik

RABBI TZVI HIRSCH BROIDE
(1865–1913) was the son-in-law and spiritual heir to the Mussar personality and Rosh Yeshiva of the Talmud Torah of Kelm, Rabbi Simcha Zissel Ziv (1824–1898), the Alter of Kelm.

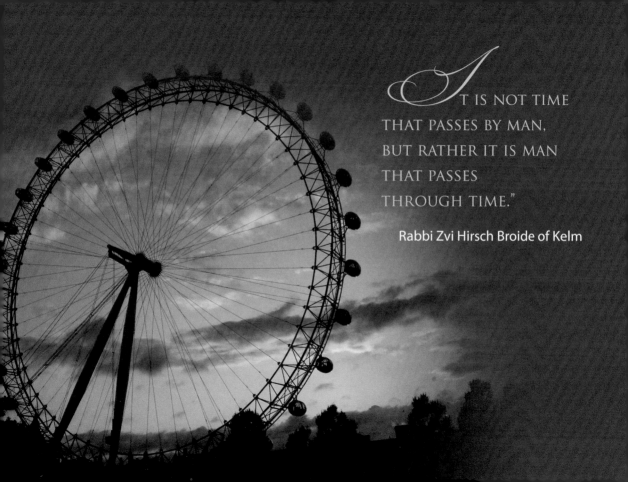

"IT IS NOT TIME THAT PASSES BY MAN, BUT RATHER IT IS MAN THAT PASSES THROUGH TIME."

Rabbi Zvi Hirsch Broide of Kelm

RABBI NACHMAN OF BRESLOV
(1772–1810), a great-grandson of
the Ba'al Shem Tov (1698–1760),
was an influential Chassidic master.

PHOTO: AN OPENED POMEGRANATE.
ANTON CROOS/ WIKIMEDIA COMMONS

"IT IS A GREAT MITZVAH TO ALWAYS BE HAPPY."

Rabbi Nachman of Breslov

RABBI CHAIM SHMULEVITZ
(1902–1979), Rosh Yeshiva of the Mir in Jerusalem,
was renowned for his *shiurim* in Talmud and
his inspirational *Mussar shmuessen* (talks).

"When I see a pile of little shoes in a store window, I am moved to tears of happiness picturing the feelings of intense joy a mother will have buying that first pair of shoes for her beloved child."

Rabbi Chaim Shmulevitz

RABBI YISRAEL LIPKIN OF SALANT
(1810–1883) was the father of the Mussar movement,
inspiring Jews toward character refinement
and self-awareness.

PHOTO: EUROPEAN SOUTHERN OBSERVATORY (ESO) PARANAL OBSERVATORY, CHILE,
WHERE A GROUP OF ASTRONOMERS WERE OBSERVING THE CENTER
OF THE MILKY WAY USING THE LASER GUIDE STAR FACILITY AT YEPUN.
ESO/YURI BELETSKY/ WIKIMEDIA COMMONS

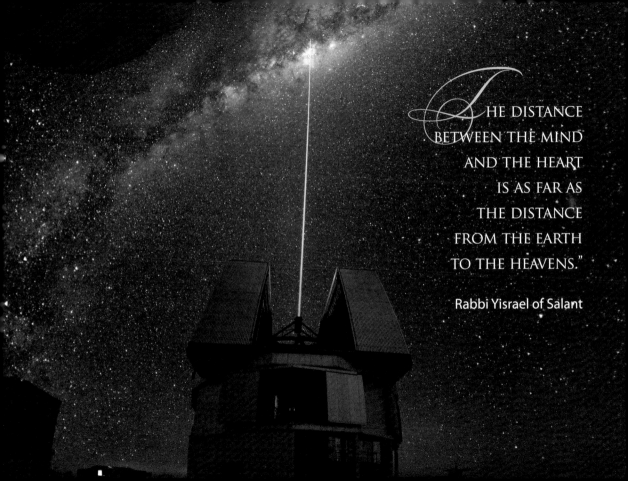

"THE DISTANCE BETWEEN THE MIND AND THE HEART IS AS FAR AS THE DISTANCE FROM THE EARTH TO THE HEAVENS."

Rabbi Yisrael of Salant

RABBI RAPHAEL HAMBURGER COHEN
(1722-1803), author of *Toras Yekusiel*, led the illustrious three communities of Altona, Hamburg, and Vansbeck for almost a quarter of a century.

"NOT EVERYTHING THAT ONE THINKS SHOULD BE SAID,
NOT EVERYTHING THAT ONE SAYS SHOULD BE WRITTEN DOWN,
AND NOT EVERYTHING ONE WRITES DOWN SHOULD BE PUBLISHED."

Rabbi Raphael Hamburger Cohen

THE BA'AL HATANYA, RABBI SHNEUR ZALMAN OF LIADI (1745–1812), was the founder and first Chassidic leader of Chabad (Lubavitch), based in Russia. He authored many works, including the *Tanya* and *Shulchan Aruch HaRav*.

$\mathcal{S}$PEECH
IS THE QUILL
OF THE HEART,
WHILE MELODY
IS THE QUILL
OF THE SOUL."

The Ba'al HaTanya

RABBI YISRAEL FRIEDMAN OF RIZHIN (1796–1850) was a righteous and regal Chassidic master in Ukraine and Austria.

"A GOOD DEED
IS BEST REMEMBERED IN HEAVEN
WHEN IT IS FORGOTTEN BY THE
MAN WHO PERFORMED IT."

Rabbi Yisrael of Rizhin

RABBI MEIR SIMCHA HACOHEN
(1843–1926), author of the *Ohr Sameach* and *Meshech Chochma*, was a brilliant Torah leader and the beloved Rabbi of Dvinsk.

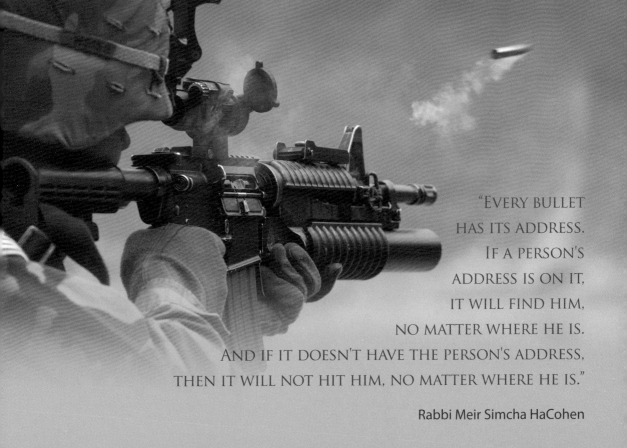

"EVERY BULLET
HAS ITS ADDRESS.
IF A PERSON'S
ADDRESS IS ON IT,
IT WILL FIND HIM,
NO MATTER WHERE HE IS.
AND IF IT DOESN'T HAVE THE PERSON'S ADDRESS,
THEN IT WILL NOT HIT HIM, NO MATTER WHERE HE IS."

Rabbi Meir Simcha HaCohen

THE BLUZHOVER REBBE, RABBI YISRAEL SPIRA
(1881-1981), endured terrible suffering during World War II
in the concentration camps and lost his wife and children.
He miraculously survived and immigrated to America, where he
reestablished his court and was turned to for guidance by many.

PHOTO: YAD VASHEM HALL OF NAMES. DAVID SHANKBONE/ WIKIMEDIA COMMONS

"DURING THE WAR, OUR PEOPLE WERE INDISCRIMINATELY HATED, SIMPLY FOR BEING JEWISH. AFTER THE WAR, WE MUST RESPOND BY INDISCRIMINATELY *LOVING* ALL JEWS, SIMPLY FOR BEING JEWISH."

The Bluzhover Rebbe

RABBI ELIYAHU ELIEZER DESSLER
(1891-1954), a product of the illustrious Talmud Torah of Kelm, was a major Mussar figure in Europe and Eretz Yisrael, as well as a profound thinker, whose ideas are recorded in the classic *Michtav Me'Eliyahu*.

$\mathcal{W}$E LOVE THOSE
FOR WHOM WE DO."

Rabbi Eliyahu Eliezer Dessler

THE ALTER OF KELM, RABBI SIMCHA ZISSEL ZIV (1824-1898), was one of the leading figures of the Mussar movement and the head of the famed Talmud Torah of Kelm.

"ORDERLINESS IN LIFE
IS LIKE THE CLASP OF A PEARL BRACELET.
ALL THINGS PRECIOUS ARE SECURED
ONLY THROUGH IT."

The Alter of Kelm

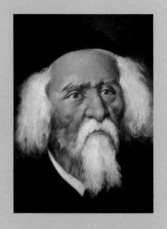

THE BAIS HALEVI, RABBI YOSEF DOV SOLOVEITCHIK
(1820–1892) of Brisk, was a Rosh Yeshiva,
author of numerous classic works,
and the first in the illustrious Brisker dynasty.

PHOTO: GPO PHOTO BY MARK NEYMAN.

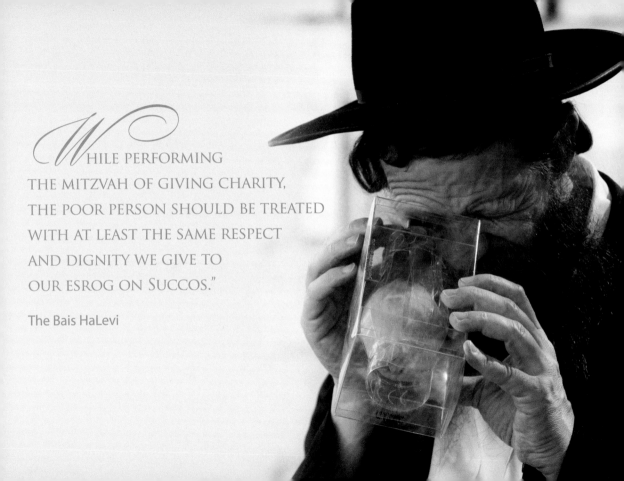

"WHILE PERFORMING THE MITZVAH OF GIVING CHARITY, THE POOR PERSON SHOULD BE TREATED WITH AT LEAST THE SAME RESPECT AND DIGNITY WE GIVE TO OUR ESROG ON SUCCOS."

The Bais HaLevi

GLOSSARY

Alter – the Elder; a title of reverence for a great sage

Ba'al Chesed – someone who performs acts of kindness

Bechor – firstborn son

Beis HaMikdash – The Holy Temple

B'ezras Hashem – with the help of God

Brachos – spiritual blessings

Chachmei Yisrael – Sages of Israel

Chassidus – Hassidism; Chassidic movement

Churban – destruction

Eretz Yisrael – the Land of Israel

Gadol (pl. Gedolim) – Torah giant

Gaon – pride; brilliant Torah scholar

Gaonim – title of heads of Talmudic academies of Sura and Pumpedisa in Babylonia, 6th-11th centuries

Glatt – a term implying high standards (usually of kosher products)

Halacha (Halachic) – Jewish law

Havdalah – lit. *distinction*, ritual marking the end of Sabbath

Kehillah – Jewish community

Kiddush – lit. *sanctification*, ritual of sanctifying the Sabbath over wine

Maggid – preacher

Mashgiach [Ruchani] – spiritual advisor in a yeshiva who is a mentor to the students

Menahel – director of a yeshiva

Mitzvah (pl. mitzvos) – commandment

Mashiach – Messiah

Mussar – Jewish ethics and moral teachings

Nachas – pride

Neshamah – soul

Paytan – liturgical poet

Rav – rabbi

Rebbe – Torah mentor or Chassidic leader

Rosh Hashanah – the Jewish new year

Rosh Yeshiva – dean of a yeshiva

Sefer (pl. Sefarim) – book

Shiur (pl. Shiurim) – Torah lecture

Shmuessen – inspirational Mussar talks

Shul – synagogue

Simchas Torah – the Jewish festival of Rejoicing with the Torah

Simchos – joyous events

Tefillah – prayer

Teshuvah – repentance

Tzaddik – righteous person

Yeshiva (pl. yeshivos) – Torah academy

Yishuv – lit., *settlement*, the body of Jewish residents in the Holy Land before the establishment of the State of Israel

Yosher – honest, upright

Z"L – abbreviation of **Z**ichrono **L**ivrachah, May his memory be for a blessing

SOURCES

Note: The aphorisms contained in this book often have different versions and are sometimes attributed to more than one Torah personality. Additionally, the translations are not always literal, but have been modified by the author in order to convey the message vividly and succinctly. In an effort to provide the reader with the full flavor of the original version, many of the quotations are presented in this section in Hebrew, along with sources and some alternate attributions.

M.B.

עמוד 7: ״התורה אינה קטנה אף בעד הכי-גדול, ואינה גדולה אף עבור הקטן ביותר.״ ׳מאורות הגדולים׳, מאת רב חיים אפרים זייטשיק, ע׳ רע״ז.

עמוד 9: ״האדם גר עם עצמו במשך שבעים שנה, ואיננו מכיר את עצמו.״ ׳תנועת המוסר׳, מאת רב דוב כ״ץ, ח״א ע׳ ש״א.

עמוד 11: ״באמקירה שמעתי ביטוי השגור בפי אנשים - ׳יש לי זמן למכביר׳ - הלואי שיכלו לתרום לי מעט מזומנם, כי לי אף פעם אין פנאי מספיק.״ ׳במחיצתם׳, מאת רב שלמה לורינץ, ח״ב ע׳ תר״י.

עמוד 13: ״היכן מצוי האלקים? במקום שנותנים לו להיכנס.״ ׳פתגמי חסידים׳, מאת רב שמחה רז, ע׳ י״ד.

עמוד 15: ״אוי לו לאדם שאינו מכיר ליקויי נפשו, שהרי אינו יודע מה עליו לתקן. אבל אוי ואבוי לאדם שאינו מכיר מעלותיו, כי הן אפילו את כלי-עבודתו אינו מכיר!״ ׳עלי שור׳, ח״א ע׳ קס״ט.

עמוד 17: ״אם היה יכול אדם לעלות השמימה לראות בצבאות מעלה - סדרם וישרם - לא היה מתענג בהשגתו עד שובו הנה לספר לחביריו את המראה הגדול ההוא.״ הובא בהקדמת הג״ר יהודה הכהן העלער לס׳ ׳קצות החושן׳ אשר חיבר אחיו, ועיין בביאור דבריו ב׳שיחות מוסר׳ להגאון רבי חיים שמולביץ ח״א:ג.

עמוד 19: ״אם אין האדם משתדל לעלות תמיד מעלה מעלה, על כרחו ירד מטה מטה.״ ׳אבן שלמה׳ ד:ט.

עמוד 21: ״זה כל האדם - לא לעצמו נברא, רק להועיל לאחריני ככל אשר ימצא בכוחו לעשות.״ מתוך הקדמת הג״ר איצילה בן הגר״ח מוואלאזין לספר אביו ׳נפש החיים׳.

עמוד 23: ״כשאדם מתפלל הוא מדבר אל הקב״ה, ועל ידי לימוד התורה שאדם לומד הקב״ה מדבר אליו.״ ׳אור האורות של האמת׳, מאת רב יוסף ישראל גרוסמן בשם הג״ר אלי׳ שוויי והג״ר מרדכי גיפטר, ששניהם אמרו בשם הרוגוצ׳בר.

עמוד 25: מפי השמועה.

עמוד 27: Preface to ***The Kosher Kitchen***, by Rabbi Binyomin Forst.

עמוד 29: See ***Rav Pam***, by Rabbi Shimon Finkelman, p. 95.

עמוד 31: ״שלשה דברים למדתי מתינוק: הוא תמיד שמח, אינו יושב בטל אפילו רגע אחד, וכשהוא רוצה דבר-מה ואין נותנים לו, הוא גועה בבכי.״ ׳גן החסידות׳, מאת רב אליעזר שטינמן, ע׳ קי״א. ובכמה ספרים הובא מאמר זה בשם הצדיק רבי משה ליב מסאסוב.

עמוד 33: ״פרי המהירות חרטה.״ ׳כור לזהב׳, קיצור מספר מבחר הפנינים, המיוחס לרבנו שלמה אבן גבירול.

עמוד 35: ״לב שבור - שלם.״ ׳פתגמי חסידים׳, מאת רב שמחה רז, ע׳ קכ״ב.

עמוד 37: ״כאשר נסע רבינו מא״י לאמריקה ניגש אליו יהודי ושאלו ... למי ילכו בעת צרה ולמי יתנו קוויטל. השיב לו הרבי שיכנס לבית המדרש בעת תפילת שחרית ויתבונן ביהודים שמגלים זרועותיהם בשעת הנחת תפילין, והיה אם יראה שחקוק שם המספר מאושוויץ או ממחנה השמדה אחר, הוא הצדיק שאליו יפנו כדי להתברך ולהיושע.״ ׳קובץ זכרון בספר׳, מאת רב ש. נוישלוס מברעזנן.

עמוד 39: ***Rav Gifter***, by Rabbi Yechiel Spero, p. 209.

עמוד 41: ״אם האדם לא יעורר נפשו, מה יועילוהו המוסרים.״ ׳שערי תשובה׳, ב:כו.

עמוד 43: ״את החושך אין לגרש במקלות ואף לא בתותחים, יש רק להדליק נר והוא יברח מאליו.״ ,׳קובץ מאמרים׳, מאת הג״ר אלחנן ואסרמאן זצ״ל הי״ד, ע׳ ס״ח.

עמוד 45: ״אם אני הנני אני משום שאני הנני אני, ואתה הנך אתה משום שאתה הנך אתה, הרי אני הנני אני ואתה הנך אתה. אולם, אם אני הנני אני משום שאתה הנך אתה, ואתה הנך אתה משום שאני הנני אני, הרי אין אני אני ואין אתה אתה.״ ׳פתגמי חסידים׳, מאת רב שמחה רז, ע׳ נ״ג.

עמוד 47: "זריזות אינה רק ברגלים אלא, ואולי בעיקר, בראש." 'עלי שור' ח"ב ע' רנ"ה.

עמוד 49: "[הכסיל] יצוה לעבדיו לבנות ארמון כליל יופי ולנטוע כרם חשוב כמו שיעשו המלכים... ואפשר שיהיה הארמון ההוא מזומן לאיש חסיד שיבוא באחרית הימים ויחסה יום א' בצל קיר מן הקירות ההם ויהיה סיבה להנצל ממות..." הקדמת הרמב"ם ל'פירוש המשניות'.

עמוד 51: "הכל עשוי ללמדנו: מסילת הברזל - שבגלל רגע אחד עשוי אתה לאחר הכל. הטלגרף - שכל מלה נמנית, נחשבת, ומצטרפת, לחשבון. והטלפון - ששומעים שם מה שאתה מדבר כאן." 'פתגמי חסידים', מאת רב שמחה רז, ע' קכ"ו. ובכמה ספרים הובא מאמר זה בשם מרן הח"ח.

עמוד 53: "לפני התפילה אני מתפלל שבשעת התפילה אתפלל [כראוי]." 'פתגמי חסידים', מאת רב שמחה רז, ע' קפ"ז.

עמוד 55: "אם אתה מאמין שאפשר לקלקל, תאמין שאפשר לתקן." 'ליקוטי מוהר"ן', ב:קי"ב.

עמוד 57: "שמחת תורה, משמעותה בפשטות - שמחתה של התורה. ללמדך, שלא די לאדם מישראל שהוא שמח עם התורה, אלא שגם התורה צריכה לשמוח איתו. לקיים 'גדול ת"ת שהתלמוד מביא לידי מעשה', ואז גם התורה שמחה." קובץ 'ישורון', ח"י ע' תרע"ב.

עמוד 59: "כאשר לא יתחברו בכלי אחד המים והאש, כן לא תתחבר בלב המאמין אהבת העולם הזה ואהבת העולם הבא." 'חובות הלבבות' שער חשבון הנפש, ג:כה.

עמוד 61: See ***A Letter for the Ages***, by Rabbi Avrohom C. Feuer, p. 57.

עמוד 63: "במה אבוא לעולם האמת? תורה - וכי יש לי תורה? יראת שמים - וכי יש לי יראת שמים? בדבר א' אוכל לבוא - שאני אוהב יהודים!" 'במחיצתם', מאת רב שלמה לורינץ, ח"ב ע' ע"ז.

עמוד 65: "כי המעט מן האמת ינצח הרבה מן השקר, כאשר המעט מן האור דוחה הרבה מן החושך." 'חובות הלבבות' שער ייחוד ה', ה:ה.

עמוד 67: "לעולם יהיו לו לאדם שני כיסים, בא' יהא מונח המאמר 'ואנכי עפר ואפר', ובשני 'בשבילי נברא העולם.'" 'פתגמי חסידים', מאת רב שמחה רז, ע' נ"ח. והוספתי הסוף שכך הובא בהרבה ספרים.

עמוד 69: "'ה' צלך' - כשם שהצל עושה את שהאדם עושה, כך הקב"ה, כביכול, עושה את שהאדם עושה. 'פתגמי חסידים', מאת רב שמחה רז, ע' כ'. ועיין כע"ז בס' 'נפש החיים' להגר"ח מוואלאזין, שער א' פ"ז.

עמוד 71: "תנורי ברזל כמוהם כבני אדם: רגע ילהט כלהבה, וכעבור זמן מה - צונן כקרח." 'פתגמי חסידים', מאת רב שמחה רז, ע' נ"ה.

עמוד 73: "Upon his arrival in Israel, [Rav Hutner] was asked whether he planned to build Torah in Israel. He answered, 'I don't plan to build it, I plan to plant it.'" ***Living Legacy***, published by Yeshiva Mesivta Rabbi Chaim Berlin, p. 9.

עמוד 75: ״נדידת התורה בעשר אכסניות עד בואו של משיח צדקינו, והחניה האחרונה תהיה אמריקה.״ ׳משנת רבי אהרן׳, ח״ד ע׳ ק״צ.

עמוד 77: ״מי שאינו מתירא מפני רעמים וברקים, מובטח לו שהוא צדיק גמור או רשע גמור.״ ׳פתגמי חסידים׳, מאת רב שמחה רז, ע׳ קס״ז.

עמוד 79: ״[במלחמה] איבדתי את כל משפחתי, איבדתי את הכל - אבל את הקב״ה לא איבדתי.״ ׳במחיצתם׳, מאת רב שלמה לורינץ, ח״ב ע׳ תרל״ב.

עמוד 81: ״עובר ללימוד מוסר, חייבתי את כל העולם וזיכיתי את עצמי. כשהתחלתי ללמוד מוסר, חייבתי את עצמי וגם את העולם. ולבסוף, חייבתי רק את עצמי, ואת כל העולם דנתי לכף זכות.״ ׳תנועת המוסר׳, מאת רב דוב כ״ץ, ח״א ע׳ ש״ו.

עמוד 83: ״אין אומתנו אומה אלא בתורתה.״ ׳אמונות ודעות׳ לרס״ג, ג:ז.

עמוד 85: ***Listen to your Messages***, by Rabbi Yissocher Frand, p. 112.

עמוד 87: See the Yiddish expression the Ponovezher Rav used in the book ***In the Footsteps of the Maggid***, by Rabbi Paysach J. Krohn, p. 147.

עמוד 89: ״תמהני - אלמלא מצאו חכמים מקור מן התורה, לא היתה רשות לרופא אף לרפאות. אולם לייאש - לא מצאנו שנתנו לו רשות.״ ׳השרף מבריסק׳, מאת רב שלום מאיר ולך, ע׳ תס״ח. וע״ע ב׳דברי אליהו׳ לרבנו הגר״א עה״ת, פ׳ משפטים, ד״ה ורפא ירפא.

עמוד 91: ״מלת ׳חיים׳ עצמה מבטאת שלחיים שייכים שנים... חיים הם מציאות זוגית.״ ׳עלי שור׳, ח״ב ע׳ תרס״ח.

עמוד 93: ״זהירים הם בני אדם שלא לבלוע נמלה חיה, ואין הם זהירים שלא לבלוע אדם חי.״ ׳פתגמי חסידים׳, מאת רב שמחה רז, ע׳ מ״ט.

עמוד 95: ״אצל בן ישראל לא שייך [להיות תועה] - כי בכל מקום שהוא נמצא יש לו מטרה ותכלית.״ ׳רבי מרדכי פגרמנסקי׳, מאת רב מיכאל יעקב ביטון, ע׳ תט״ז.

עמוד 97: ״והעידו על האר״י ז״ל שאמר שהמעלה העליונה שהשיג באה לו על ידי שהיה שמח בכל עוז בשמחה של מצוה.״ ׳משנה ברורה׳, ח״ו סי׳ תרס״ט:יא., ויעויין בהקדמת ׳ספר חרדים׳.

עמוד 99: ״לא רק שעלינו לאכול ׳גלאט כשר׳, אלא בעצמינו נהיה ׳גלאט ישר׳.״ See ***Rav Breuer: His Life and Legacy***, pp. 238-239.

עמוד 101: ***Torah Tavlin***, by Rabbi Dovid Hoffman, Vol. I, p. 460.

עמוד 103: ״ילד נקרא יתום כשאין לו הורים, אבא ואמא. העם נקרא יתום כשהוא נשאר בלי ילדים.״ ׳הרב מפונוביז׳׳, מאת רב אהרן סורסקי, ע׳ קנ״ב.

עמוד 105: פירוש רש״ר הירש עה״ת, בראשית ל״ז, ל״ה.

עמוד 107: ״חי נפשי, בהתבונני בנפלאות אלה גדלו אצלי יותר מכל נסים ונפלאות שעשה ה׳ ית׳ לאבותינו במצרים ובמדבר ובארץ ישראל. וכל מה שארך הגלות יותר נתאמת הנס יותר, ונודע מעשה תקפו וגבורתו.״ הקדמה ל׳סידור בית יעקב, סולם בית-קל׳ ע׳ ו.

עמוד 109: ״אנשים אומרים ׳זמן הוא כסף׳, כלומר, כל ערך הזמן הוא שאפשר על ידו לצבור כסף. ואני אומר ׳כסף הוא זמן׳, כי כדי לצבור כסף ורכוש מאבדים זמן, ומה זה זמן - הוא חיים עצמם! ומטרת בתוכן החיים הרי הם לעבוד את ה׳.״ ׳משל האבות׳, מאת רב משה לוי, ח״ב ע׳ רמ״ג.

עמוד 111: ״האדם צריך ליתן כל ימי המחר בשביל ה׳היום׳, כדי שלא יצטרך ליתן כל ימי ה׳היום׳ בשביל מחר אחד.״ ׳תנועת המוסר׳, מאת רב דוב כ״ץ, ח״ד ע׳ רצ״ז, ועיין בס׳ ׳מדרגת האדם׳ פרק ׳נקודת האמת׳.

עמוד 113: ״תשובה איז ניט בעסער ווערין - ס״יז אנדערש ווערין.״ *Pirkei Avos Treasury*, by Rabbi Moshe Lieber, p. 272.

עמוד 115: ״הפילוסופים של הגוים טורחים למצוא מקום עבור אלקות בתמונת עולמם, כי בהיות עיקר מציאותם העולם מתקשים לדחוק לתוכו את האלקים. המעמיקים שלנו מתקשים למצוא מקום לעולם, שהרי אלקות הוא הכל, ואיך אפשר לדחוק את מציאות העולם לתוכו?״ ׳עלי שור׳, ח״ב ע׳ תקצ״ו.

עמוד 117: *Living Each Day*, by Rabbi Abraham J. Twerski, M.D., p. 274.

עמוד 119: ״אם ישאלני בעולם האמת למה לא היית כמשה רבינו, אדע מה להשיב... אולם אם ישאלני למה לא היית זושיא - יסתתמו טענותי.״ ׳פתגמי חסידים׳, מאת רב שמחה רז, ע׳ קכ״ז.

עמוד 121: ״משחק השח-מט מלמדינו שצריך האדם להתנהג בזהירות יתירה בכל דרכיו, לשקול היטב כל פסיעה ופסיעה.״ ׳פתגמי חסידים׳, מאת רב שמחה רז, ע׳ קכ״ז, וע״ע בס׳ ׳שיח שרפי קודש׳, ח״ה ע׳ נ״ח.

עמוד 123: ״למה זה דומה, לגן המבוכה, הוא הגן הנטוע לצחוק הידוע אצל השרים. שהנטיעות עשויות כתלים כתלים וביניהם שבילים רבים נבוכים ומעורבים כולם דומים זה לזה, והתכלית בם הוא להגיע אל אכסדרה אחת שבאמצעם... והנה העומד כבר על האכסדרה הוא רואה כל הדרכים לפניו ומבחין בין האמיתיים להכוזבים, והוא יכול להזהיר את ההולכים בם לומר זה הדרך לכו בו.״ ׳מסילת ישרים׳ פ״ג.

עמוד 125: ״כל העולם כולו גשר צר מאד והעיקר לא לפחד כלל.״ ׳ליקוטי מוהר״ן׳, ב:מ״ח.

עמוד 127: *Reb Shlomo [Freifeld],* by Rabbi Yisroel Besser, p. 120.

עמוד 129: ״אם מדברים בביה״ד בקובנה לשה״ר, מחללים בפריז את השבת.״ ׳תנועת המוסר׳, מאת רב דוב כ״ץ, ח״א ע׳ ש״ח.

עמוד 131: ״מי שחסר לו בהסברה, סימן שחסר לו בהבנה.״ ׳אישים ושיטות׳, מאת רב שלמה יוסף זוין, ע׳ ס׳.

עמוד 133: ״אין הזמן עובר עלינו אלא אנו הולכים בתוכו... מידי עיגול הילוכנו שאנו קוראים לו שנה, אנו שבים לבא אל אותו זמן ממש [של מתן תורה וכו׳].״׳מכתב מאליהו׳, ח״א ע׳ ק״ה.

עמוד 135: ״מצוה גדולה להיות בשמחה תמיד.״ ׳ליקוטי מוהר״ן׳ ב:כ״ד.

עמוד 137: *Mishpacha Magazine*, No. 384, article on Rav Nosson Tzvi Finkel, by Rabbi Yisroel Besser.

עמוד 139: ״׳וידעת היום והשבות אל לבבך׳ (דברים ד), עד שידיעתו זו תגיע אל לבו עדיין צריך לעבור דרך רחוקה מאד כמו מן הארץ לשמים.״ פתגם ידוע מהגרי״ס ויעויין בשינוי הנוסח קצת ב׳תנועת המוסר׳, מאת רב דוב כ״ץ, ח״א ע׳ ש״ד, וע״ע ס׳ ׳אור יהל׳, ח״ב ע׳ צ״ג.

עמוד 141: ״לא כל מה שאדם מהרהר בלבו צריך לבטא בשפתיו, לא כל מה שהוא מוציא מפיו צריך לרשום בכתב, ולא כל מה שהוא כותב ראוי לפרסם בדפוס.״ ׳משל האבות׳, מאת רב משה לוי, ח״ד ע׳ רי״א, בשם ס׳ ׳הח״ח - חייו ופעלו׳. וע״ע ב׳תנועת המוסר׳, מאת רב דוב כ״ץ, ח״א ע׳ ש״ט, שציטט מאמר זה בשם הגר״י סלנטר.

עמוד 143: ״הלשון - קולמוס הלב. השיר - קולמוס הנפש.״ ׳פתגמי חסידים׳, מאת רב שמחה רז, ע׳ קכ״ג. ופתגם ״הלשון קולמוס הלב״ נמצא כבר בס׳ ׳חובות הלבבות׳ שער הבחינה פרק ה׳.

עמוד 145: ״׳כי אתה זוכר כל הנשכחות׳ - מה שהאדם שוכח הוא ית׳ זוכר.״ ׳נחלת ישראל׳ (אמרי רבי ישראל מרוזין), ע׳ קצ״א.

עמוד 147: ״הכדורים יש להם שליחות מיוחדת, וכל פצצה יש לה כתובת מיוחדת...״ ׳אישים ושיטות׳, מאת רב שלמה יוסף זוין, ע׳ קנ״ט.

עמוד 149: ״לאחר שראינו התפצרות כה איומה של שנאת עולם חייתית ליהודים ואשר כל מניעיה היו אך ורק בגלל היותם יהודים, שומה עלינו כמשקל נגד לאהוב כל איש יהודי אהבה עזה, אך ורק בגלל היותו יהודי, בלי לבדוק בציציותיו כלל.״ ׳הגדה של פסח על מצות ומרורים׳, מאת רב חיים פ. ביניש, ע׳ רל״ד.

עמוד 151: ״כי לאשר יתן, יאהב.״ ׳מכתב מאליהו׳ בקונטרס החסד, ח״א ע׳ ל״ז.

עמוד 153: ״הסדר דומה למנעול של השרשרת [של מרגליות]. אם אין המנעול, מתפזרות כל המרגליות... [וכן] אם אין לאדם סדר, מתפזרות כל מעלותיו והוא נשאר נעור וריק.״ ׳עלי שור׳, ח״ב ע׳ ש״כ.

עמוד 155: ״בעת שנותנים צדקה להעני ונמצא מקיים בהעני מצות צדקה... אז העני הוא ממש כמו בחינת אתרוג בעת שנוטלו לצאת בו... אסור ליתן לו בבזיון חלילה, וזהו איסור דאורייתא.״ ׳בית הלוי עה״ת׳, סוף פ׳ תרומה.

4. **שׂוֹשׂ** תָּשִׂישׂ וְתָגֵל הָעֲקָרָה, בְּקִבּוּץ בָּנֶיהָ לְתוֹכָהּ בְּשִׂמְחָה.
בָּרוּךְ אַתָּה יהוה, מְשַׂמֵּחַ צִיּוֹן בְּבָנֶיהָ. (All – אָמֵן.)

5. **שַׂמֵּחַ** תְּשַׂמַּח רֵעִים הָאֲהוּבִים, כְּשַׂמֵּחֲךָ יְצִירְךָ בְּגַן עֵדֶן מִקֶּדֶם.
בָּרוּךְ אַתָּה יהוה, מְשַׂמֵּחַ חָתָן וְכַלָּה. (All – אָמֵן.)

6. **בָּרוּךְ** אַתָּה יהוה אֱלֹהֵינוּ מֶלֶךְ הָעוֹלָם, אֲשֶׁר בָּרָא שָׂשׂוֹן וְשִׂמְחָה, חָתָן וְכַלָּה, גִּילָה רִנָּה, דִּיצָה וְחֶדְוָה, אַהֲבָה וְאַחֲוָה, וְשָׁלוֹם וְרֵעוּת. מְהֵרָה יהוה אֱלֹהֵינוּ יִשָּׁמַע בְּעָרֵי יְהוּדָה וּבְחֻצוֹת יְרוּשָׁלָיִם, קוֹל שָׂשׂוֹן וְקוֹל שִׂמְחָה, קוֹל חָתָן וְקוֹל כַּלָּה, קוֹל מִצְהֲלוֹת חֲתָנִים מֵחֻפָּתָם, וּנְעָרִים מִמִּשְׁתֵּה נְגִינָתָם. בָּרוּךְ אַתָּה יהוה, מְשַׂמֵּחַ חָתָן עִם הַכַּלָּה. (All – אָמֵן.)

The leader of *Bircas HaMazon* recites the seventh blessing:

7. **בָּרוּךְ** אַתָּה יהוה אֱלֹהֵינוּ מֶלֶךְ הָעוֹלָם, בּוֹרֵא פְּרִי הַגָּפֶן.
(All – אָמֵן.)

The leader drinks some of the wine from his cup; then wine from the two cups is mixed together and one cup is given to the groom and the other to the bride. It is laudable for those present to drink a bit of wine from the כּוֹס שֶׁל בְּרָכָה, *Cup of Blessing,* since it was used in the performance of a *mitzvah.*

זימון לסעודת הברית

If a *minyan* is present, this *zimun* is recited with a cup of wine in hand:

Leader – רַבּוֹתַי מִיר וֶועלֶען בֶּענְטְשֶׁען [רַבּוֹתַי נְבָרֵךְ].
Others – יְהִי שֵׁם יהוה מְבֹרָךְ מֵעַתָּה וְעַד עוֹלָם.
Leader – יְהִי שֵׁם יהוה מְבֹרָךְ מֵעַתָּה וְעַד עוֹלָם.
נוֹדֶה לְשִׁמְךָ בְּתוֹךְ אֱמוּנַי, בְּרוּכִים אַתֶּם לַיהוה.
Others – נוֹדֶה לְשִׁמְךָ בְּתוֹךְ אֱמוּנַי, בְּרוּכִים אַתֶּם לַיהוה.
Leader – בִּרְשׁוּת אֵל אָיוֹם וְנוֹרָא, מִשְׂגָּב לְעִתּוֹת בַּצָּרָה,
אֵל נֶאְזָר בִּגְבוּרָה, אַדִּיר בַּמָּרוֹם יהוה.
Others – נוֹדֶה לְשִׁמְךָ בְּתוֹךְ אֱמוּנַי, בְּרוּכִים אַתֶּם לַיהוה.
Leader – בִּרְשׁוּת הַתּוֹרָה הַקְּדוֹשָׁה, טְהוֹרָה הִיא וְגַם פְּרוּשָׁה,
צִוָּה לָנוּ מוֹרָשָׁה, מֹשֶׁה עֶבֶד יהוה.
Others – נוֹדֶה לְשִׁמְךָ בְּתוֹךְ אֱמוּנַי, בְּרוּכִים אַתֶּם לַיהוה.
Leader – בִּרְשׁוּת הַכֹּהֲנִים הַלְוִיִּם, אֶקְרָא לֵאלֹהֵי הָעִבְרִיִּים,
אֲהוֹדֶנּוּ בְּכָל אִיִּים, אֲבָרְכָה אֶת יהוה.

Others – נוֹדֶה לְשִׁמְךָ בְּתוֹךְ אֱמוּנַי, בְּרוּכִים אַתֶּם לַיהוה.
Leader – בִּרְשׁוּת מָרָנָן וְרַבָּנָן וְרַבּוֹתַי, אֶפְתְּחָה בְּשִׁיר פִּי וּשְׂפָתַי,
וְתֹאמַרְנָה עַצְמוֹתַי, בָּרוּךְ הַבָּא בְּשֵׁם יהוה.
Others – נוֹדֶה לְשִׁמְךָ בְּתוֹךְ אֱמוּנַי, בְּרוּכִים אַתֶּם לַיהוה.
Leader – בִּרְשׁוּת מָרָנָן וְרַבָּנָן וְרַבּוֹתַי, נְבָרֵךְ [אֱלֹהֵינוּ] שֶׁאָכַלְנוּ מִשֶּׁלוֹ.
Others – בָּרוּךְ [אֱלֹהֵינוּ] שֶׁאָכַלְנוּ מִשֶּׁלוֹ, וּבְטוּבוֹ חָיִינוּ.
Leader – בָּרוּךְ [אֱלֹהֵינוּ] שֶׁאָכַלְנוּ מִשֶּׁלוֹ, וּבְטוּבוֹ חָיִינוּ.
All – בָּרוּךְ הוּא וּבָרוּךְ שְׁמוֹ.

Continue with Grace after Meals until בְּעֵינֵי אֱלֹהִים וְאָדָם.
Then a designated person (or persons) recites the following prayers aloud.
Someone other than the father should recite the following stanza.

הָרַחֲמָן הוּא יְבָרֵךְ אֲבִי הַיֶּלֶד וְאִמּוֹ, וְיִזְכּוּ לְגַדְּלוֹ וּלְחַנְּכוֹ וּלְחַכְּמוֹ, מִיּוֹם הַשְּׁמִינִי וָהָלְאָה יֵרָצֶה דָמוֹ, וִיהִי יהוה אֱלֹהָיו עִמּוֹ. (All – אָמֵן.)

Someone other than the *sandak* should recite the following stanza.

הָרַחֲמָן הוּא יְבָרֵךְ בַּעַל בְּרִית הַמִּילָה, אֲשֶׁר שָׂשׂ לַעֲשׂוֹת צֶדֶק בְּגִילָה, וִישַׁלֵּם פָּעֳלוֹ וּמַשְׂכֻּרְתּוֹ כְּפוּלָה, וְיִתְּנֵהוּ לְמַעְלָה לְמָעְלָה. (All – אָמֵן.)

הָרַחֲמָן הוּא יְבָרֵךְ רַךְ הַנִּמּוֹל לִשְׁמוֹנָה, וְיִהְיוּ יָדָיו וְלִבּוֹ לָאֵל אֱמוּנָה, וְיִזְכֶּה לִרְאוֹת פְּנֵי הַשְּׁכִינָה, שָׁלֹשׁ פְּעָמִים בַּשָּׁנָה. (All – אָמֵן.)

Someone other than the *mohel* should recite the following stanza.

הָרַחֲמָן הוּא יְבָרֵךְ הַמָּל בְּשַׂר הָעָרְלָה, וּפָרַע וּמָצַץ דְּמֵי הַמִּילָה, אִישׁ הַיָּרֵא וְרַךְ הַלֵּבָב עֲבוֹדָתוֹ פְּסוּלָה, וְאִם שְׁלָשׁ אֵלֶּה לֹא יַעֲשֶׂה לָהּ. (All – אָמֵן.)

הָרַחֲמָן הוּא יִשְׁלַח לָנוּ מְשִׁיחוֹ הוֹלֵךְ תָּמִים, בִּזְכוּת חֲתַן לַמּוּלוֹת דָּמִים, לְבַשֵּׂר בְּשׂוֹרוֹת טוֹבוֹת וְנִחוּמִים, לְעַם אֶחָד מְפֻזָּר וּמְפֹרָד בֵּין הָעַמִּים. (All – אָמֵן.)

הָרַחֲמָן הוּא יִשְׁלַח לָנוּ כֹּהֵן צֶדֶק אֲשֶׁר לֻקַּח לְעֵילוֹם, עַד הוּכַן כִּסְאוֹ כַּשֶּׁמֶשׁ וְיָהֲלוֹם, וַיָּלֶט פָּנָיו בְּאַדַּרְתּוֹ וַיִּגְלוֹם, בְּרִיתִי הָיְתָה אִתּוֹ הַחַיִּים וְהַשָּׁלוֹם. (All – אָמֵן.)

ברכות אחרונות

מעין שלש

The following blessing is recited after partaking of: (a) grain products (other than bread or matzah) made from wheat, barley, rye, oats, or spelt; (b) grape wine or grape juice; (c) grapes, figs, pomegranates, olives, or dates. (If foods from two or three of these groups were eaten, then the insertions for each group are connected with the conjunctive ו, thus וְעַל. The order in such a case is grain, wine, fruit.)

בָּרוּךְ אַתָּה יהוה אֱלֹהֵינוּ מֶלֶךְ הָעוֹלָם, עַל

After grain products:	After wine:	After fruits:
הַמִּחְיָה	הַגֶּפֶן וְעַל	הָעֵץ וְעַל
וְעַל הַכַּלְכָּלָה,	פְּרִי הַגֶּפֶן,	פְּרִי הָעֵץ,

וְעַל תְּנוּבַת הַשָּׂדֶה, וְעַל אֶרֶץ חֶמְדָּה טוֹבָה וּרְחָבָה, שֶׁרָצִיתָ וְהִנְחַלְתָּ לַאֲבוֹתֵינוּ, לֶאֱכוֹל מִפִּרְיָהּ וְלִשְׂבּוֹעַ מִטּוּבָהּ. רַחֵם נָא יהוה אֱלֹהֵינוּ עַל יִשְׂרָאֵל עַמֶּךָ, וְעַל יְרוּשָׁלַיִם עִירֶךָ, וְעַל צִיּוֹן מִשְׁכַּן כְּבוֹדֶךָ, וְעַל מִזְבְּחֶךָ וְעַל הֵיכָלֶךָ. וּבְנֵה יְרוּשָׁלַיִם עִיר הַקֹּדֶשׁ בִּמְהֵרָה בְיָמֵינוּ, וְהַעֲלֵנוּ לְתוֹכָהּ, וְשַׂמְּחֵנוּ בְּבִנְיָנָהּ, וְנֹאכַל מִפִּרְיָהּ, וְנִשְׂבַּע מִטּוּבָהּ, וּנְבָרֶכְךָ עָלֶיהָ בִּקְדֻשָּׁה וּבְטָהֳרָה.

On the Sabbath – וּרְצֵה וְהַחֲלִיצֵנוּ בְּיוֹם הַשַּׁבָּת הַזֶּה.

On Rosh Chodesh – וְזָכְרֵנוּ לְטוֹבָה בְּיוֹם רֹאשׁ הַחֹדֶשׁ הַזֶּה.

On Pesach – וְשַׂמְּחֵנוּ בְּיוֹם חַג הַמַּצּוֹת הַזֶּה.

On Shavuos – וְשַׂמְּחֵנוּ בְּיוֹם חַג הַשָּׁבֻעוֹת הַזֶּה.

On Rosh Hashanah – וְזָכְרֵנוּ לְטוֹבָה בְּיוֹם הַזִּכָּרוֹן הַזֶּה.

On Succos – וְשַׂמְּחֵנוּ בְּיוֹם חַג הַסֻּכּוֹת הַזֶּה.

On Shemini Atzeres / Simchas Torah – וְשַׂמְּחֵנוּ בְּיוֹם הַשְּׁמִינִי חַג הָעֲצֶרֶת הַזֶּה.

כִּי אַתָּה יהוה טוֹב וּמֵטִיב לַכֹּל, וְנוֹדֶה לְּךָ עַל הָאָרֶץ וְעַל

After grain products:	After wine:	After fruits:
הַמִּחְיָה (וְעַל הַכַּלְכָּלָה).	פְּרִי הַגָּפֶן.°	הַפֵּרוֹת.°°

בָּרוּךְ אַתָּה יהוה, עַל הָאָרֶץ וְעַל

הַמִּחְיָה (וְעַל הַכַּלְכָּלָה).	פְּרִי הַגָּפֶן.°	הַפֵּרוֹת.°°

°If the wine is from *Eretz Yisrael,* substitute גַּפְנָהּ for הַגָּפֶן.

°°If the fruit grew in *Eretz Yisrael,* substitute פֵּרוֹתֶיהָ for הַפֵּרוֹת.

בורא נפשות

After eating or drinking any food to which neither *Bircas HaMazon* nor the Three-Faceted Blessing applies, such as fruits other than the above, vegetables, or beverages other than wine, recite:

בָּרוּךְ אַתָּה יהוה אֱלֹהֵינוּ מֶלֶךְ הָעוֹלָם, בּוֹרֵא נְפָשׁוֹת רַבּוֹת וְחֶסְרוֹנָן, עַל כָּל מַה שֶּׁבָּרָא(תָ) לְהַחֲיוֹת בָּהֶם נֶפֶשׁ כָּל חָי. בָּרוּךְ חֵי הָעוֹלָמִים.

שבע ברכות

When *Sheva Berachos* are recited, the leader recites the following *zimun*, with a cup of wine in hand.

Leader – רַבּוֹתַי מִיר וֶועלֶען בֶּענְטְשֶׁען [רַבּוֹתַי נְבָרֵךְ].

Others – יְהִי שֵׁם יהוה מְבֹרָךְ מֵעַתָּה וְעַד עוֹלָם.

Leader – יְהִי שֵׁם יהוה מְבֹרָךְ מֵעַתָּה וְעַד עוֹלָם.

In many congregations the following is not recited on the Sabbath:

Leader – דְּוַי הָסֵר וְגַם חָרוֹן, וְאָז אִלֵּם בְּשִׁיר יָרוֹן, נְחֵנוּ בְּמַעְגְּלֵי צֶדֶק, שְׁעֵה בִּרְכַּת בְּנֵי אַהֲרֹן.

Leader – בִּרְשׁוּת מָרָנָן וְרַבָּנָן וְרַבּוֹתַי, נְבָרֵךְ אֱלֹהֵינוּ שֶׁהַשִּׂמְחָה בִּמְעוֹנוֹ, (וְ)שֶׁאָכַלְנוּ מִשֶּׁלּוֹ.

Others – בָּרוּךְ אֱלֹהֵינוּ שֶׁהַשִּׂמְחָה בִּמְעוֹנוֹ, (וְ)שֶׁאָכַלְנוּ מִשֶּׁלּוֹ וּבְטוּבוֹ חָיִינוּ.

Leader – בָּרוּךְ אֱלֹהֵינוּ שֶׁהַשִּׂמְחָה בִּמְעוֹנוֹ, (וְ)שֶׁאָכַלְנוּ מִשֶּׁלּוֹ וּבְטוּבוֹ חָיִינוּ.

All – בָּרוּךְ הוּא וּבָרוּךְ שְׁמוֹ.

After *Bircas HaMazon* a second cup is poured and the following seven blessings are recited. They may be recited by one person or divided among several people. Whoever recites a blessing should hold the cup as he does so.

1. **בָּרוּךְ** אַתָּה יהוה אֱלֹהֵינוּ מֶלֶךְ הָעוֹלָם, שֶׁהַכֹּל בָּרָא לִכְבוֹדוֹ. (All – אָמֵן.)

2. **בָּרוּךְ** אַתָּה יהוה אֱלֹהֵינוּ מֶלֶךְ הָעוֹלָם, יוֹצֵר הָאָדָם. (All – אָמֵן.)

3. **בָּרוּךְ** אַתָּה יהוה אֱלֹהֵינוּ מֶלֶךְ הָעוֹלָם, אֲשֶׁר יָצַר אֶת הָאָדָם בְּצַלְמוֹ, בְּצֶלֶם דְּמוּת תַּבְנִיתוֹ, וְהִתְקִין לוֹ מִמֶּנּוּ בִּנְיַן עֲדֵי עַד. בָּרוּךְ אַתָּה יהוה, יוֹצֵר הָאָדָם. (All – אָמֵן.)

הברכה הרביעית – הטוב והמטיב

בָּרוּךְ אַתָּה יהוה אֱלֹהֵינוּ מֶלֶךְ הָעוֹלָם, הָאֵל אָבִינוּ מַלְכֵּנוּ
אַדִּירֵנוּ בּוֹרְאֵנוּ גּוֹאֲלֵנוּ יוֹצְרֵנוּ קְדוֹשֵׁנוּ קְדוֹשׁ יַעֲקֹב,
רוֹעֵנוּ רוֹעֵה יִשְׂרָאֵל, הַמֶּלֶךְ הַטּוֹב וְהַמֵּטִיב לַכֹּל, שֶׁבְּכָל יוֹם וָיוֹם
הוּא הֵטִיב, הוּא מֵטִיב, הוּא יֵיטִיב לָנוּ. הוּא גְמָלָנוּ הוּא גוֹמְלֵנוּ
הוּא יִגְמְלֵנוּ לָעַד, לְחֵן וּלְחֶסֶד וּלְרַחֲמִים וּלְרֶוַח הַצָּלָה וְהַצְלָחָה,
בְּרָכָה וִישׁוּעָה נֶחָמָה פַּרְנָסָה וְכַלְכָּלָה ❖ וְרַחֲמִים וְחַיִּים וְשָׁלוֹם
וְכָל טוֹב, וּמִכָּל טוּב לְעוֹלָם אַל יְחַסְּרֵנוּ. (Others – אָמֵן.)

הָרַחֲמָן הוּא יִמְלוֹךְ עָלֵינוּ לְעוֹלָם וָעֶד. הָרַחֲמָן הוּא יִתְבָּרַךְ
בַּשָּׁמַיִם וּבָאָרֶץ. הָרַחֲמָן הוּא יִשְׁתַּבַּח לְדוֹר דּוֹרִים,
וְיִתְפָּאַר בָּנוּ לָעַד וּלְנֵצַח נְצָחִים, וְיִתְהַדַּר בָּנוּ לָעַד וּלְעוֹלְמֵי
עוֹלָמִים. הָרַחֲמָן הוּא יְפַרְנְסֵנוּ בְּכָבוֹד. הָרַחֲמָן הוּא יִשְׁבּוֹר עֻלֵּנוּ
מֵעַל צַוָּארֵנוּ, וְהוּא יוֹלִיכֵנוּ קוֹמְמִיּוּת לְאַרְצֵנוּ. הָרַחֲמָן הוּא
יִשְׁלַח לָנוּ בְּרָכָה מְרֻבָּה בַּבַּיִת הַזֶּה, וְעַל שֻׁלְחָן זֶה שֶׁאָכַלְנוּ עָלָיו.
הָרַחֲמָן הוּא יִשְׁלַח לָנוּ אֶת אֵלִיָּהוּ הַנָּבִיא זָכוּר לַטּוֹב, וִיבַשֶּׂר לָנוּ
בְּשׂוֹרוֹת טוֹבוֹת יְשׁוּעוֹת וְנֶחָמוֹת.

The following is a blessing that a guest inserts here for the host.

יְהִי רָצוֹן שֶׁלֹּא יֵבוֹשׁ וְלֹא יִכָּלֵם בַּעַל הַבַּיִת הַזֶּה, לֹא בָעוֹלָם הַזֶּה
וְלֹא בָעוֹלָם הַבָּא, וְיַצְלִיחַ בְּכָל נְכָסָיו, וְיִהְיוּ נְכָסָיו מֻצְלָחִים
וּקְרוֹבִים לָעִיר, וְאַל יִשְׁלוֹט שָׂטָן בְּמַעֲשֵׂה יָדָיו, וְאַל יִזְדַּקֵּק לְפָנָיו
שׁוּם דְּבַר חֵטְא וְהִרְהוּר עָוֹן, מֵעַתָּה וְעַד עוֹלָם.

At one's own table (include the applicable words in parentheses):

הָרַחֲמָן הוּא יְבָרֵךְ אוֹתִי
(וְאֶת אִשְׁתִּי / וְאֶת
בַּעְלִי. וְאֶת זַרְעִי) וְאֶת
כָּל אֲשֶׁר לִי.

Guests recite the following (children at their parents' table include the applicable words in parentheses):

הָרַחֲמָן הוּא יְבָרֵךְ אֶת (אָבִי מוֹרִי)
בַּעַל הַבַּיִת הַזֶּה, וְאֶת (אִמִּי מוֹרָתִי)
בַּעֲלַת הַבַּיִת הַזֶּה, אוֹתָם וְאֶת בֵּיתָם
וְאֶת זַרְעָם וְאֶת כָּל אֲשֶׁר לָהֶם.

אוֹתָנוּ וְאֶת כָּל אֲשֶׁר לָנוּ, כְּמוֹ שֶׁנִּתְבָּרְכוּ אֲבוֹתֵינוּ אַבְרָהָם יִצְחָק
וְיַעֲקֹב בַּכֹּל מִכֹּל כֹּל, כֵּן יְבָרֵךְ אוֹתָנוּ כֻּלָּנוּ יַחַד בִּבְרָכָה שְׁלֵמָה,
וְנֹאמַר, אָמֵן.

בַּמָּרוֹם יְלַמְּדוּ עֲלֵיהֶם וְעָלֵינוּ זְכוּת, שֶׁתְּהֵא לְמִשְׁמֶרֶת
שָׁלוֹם. וְנִשָּׂא בְרָכָה מֵאֵת יהוה, וּצְדָקָה מֵאֱלֹהֵי
יִשְׁעֵנוּ, וְנִמְצָא חֵן וְשֵׂכֶל טוֹב בְּעֵינֵי אֱלֹהִים וְאָדָם.[1]

If any of the following verses were omitted, *Bircas HaMazon* need not be repeated.

On the Sabbath add:

הָרַחֲמָן הוּא יַנְחִילֵנוּ יוֹם שֶׁכֻּלּוֹ שַׁבָּת וּמְנוּחָה לְחַיֵּי הָעוֹלָמִים.

On Rosh Chodesh add:

הָרַחֲמָן הוּא יְחַדֵּשׁ עָלֵינוּ אֶת הַחֹדֶשׁ הַזֶּה לְטוֹבָה וְלִבְרָכָה.

On Festivals add:

הָרַחֲמָן הוּא יַנְחִילֵנוּ יוֹם שֶׁכֻּלּוֹ טוֹב.

On Rosh Hashanah add:

הָרַחֲמָן הוּא יְחַדֵּשׁ עָלֵינוּ אֶת הַשָּׁנָה הַזֹּאת לְטוֹבָה וְלִבְרָכָה.

On Succos add:

הָרַחֲמָן הוּא יָקִים לָנוּ אֶת סֻכַּת דָּוִיד הַנֹּפָלֶת.[2]

On Chanukah and Purim, if *Al HaNissim* was not recited in its proper place, add:

הָרַחֲמָן הוּא יַעֲשֶׂה לָנוּ נִסִּים וְנִפְלָאוֹת כַּאֲשֶׁר עָשָׂה לַאֲבוֹתֵינוּ
בַּיָּמִים הָהֵם בַּזְּמַן הַזֶּה. Continue בִּימֵי.

הָרַחֲמָן הוּא יְזַכֵּנוּ לִימוֹת הַמָּשִׁיחַ וּלְחַיֵּי הָעוֹלָם הַבָּא.
[מַגְדִּל – on weekdays / מִגְדּוֹל – on days *Mussaf* is recited]
יְשׁוּעוֹת מַלְכּוֹ וְעֹשֶׂה חֶסֶד לִמְשִׁיחוֹ לְדָוִד וּלְזַרְעוֹ עַד עוֹלָם.[3]
עֹשֶׂה שָׁלוֹם בִּמְרוֹמָיו, הוּא יַעֲשֶׂה שָׁלוֹם עָלֵינוּ וְעַל כָּל יִשְׂרָאֵל.
וְאִמְרוּ, אָמֵן.

יְראוּ אֶת יהוה קְדֹשָׁיו, כִּי אֵין מַחְסוֹר לִירֵאָיו. כְּפִירִים רָשׁוּ
וְרָעֵבוּ, וְדֹרְשֵׁי יהוה לֹא יַחְסְרוּ כָל טוֹב.[4] הוֹדוּ לַיהוה כִּי
טוֹב, כִּי לְעוֹלָם חַסְדּוֹ.[5] פּוֹתֵחַ אֶת יָדֶךָ, וּמַשְׂבִּיעַ לְכָל חַי רָצוֹן.[6]
בָּרוּךְ הַגֶּבֶר אֲשֶׁר יִבְטַח בַּיהוה, וְהָיָה יהוה מִבְטַחוֹ.[7] נַעַר הָיִיתִי
גַּם זָקַנְתִּי, וְלֹא רָאִיתִי צַדִּיק נֶעֱזָב, וְזַרְעוֹ מְבַקֶּשׁ לָחֶם.[8] יהוה עֹז
לְעַמּוֹ יִתֵּן, יהוה יְבָרֵךְ אֶת עַמּוֹ בַשָּׁלוֹם.[9]

(1) Cf. *Proverbs* 3:4. (2) Cf. *Amos* 9:11. (3) *Psalms* 18:51; *II Samuel* 22:51. (4) *Psalms* 34:10-11. (5) 136:1 et al. (6) 145:16. (7) *Jeremiah* 17:7. (8) *Psalms* 37:25. (9) 29:11.

זָן וּמְפַרְנֵס אוֹתָנוּ תָּמִיד, בְּכָל יוֹם וּבְכָל עֵת וּבְכָל שָׁעָה.

On Chanukah and Purim add the following:

(וְ)עַל הַנִּסִּים, וְעַל הַפֻּרְקָן, וְעַל הַגְּבוּרוֹת, וְעַל הַתְּשׁוּעוֹת, וְעַל הַמִּלְחָמוֹת, שֶׁעָשִׂיתָ לַאֲבוֹתֵינוּ בַּיָּמִים הָהֵם בַּזְּמַן הַזֶּה.

On Chanukah:

בִּימֵי מַתִּתְיָהוּ בֶּן יוֹחָנָן כֹּהֵן גָּדוֹל חַשְׁמוֹנָאִי וּבָנָיו, כְּשֶׁעָמְדָה מַלְכוּת יָוָן הָרְשָׁעָה עַל עַמְּךָ יִשְׂרָאֵל, לְהַשְׁכִּיחָם תּוֹרָתֶךָ, וּלְהַעֲבִירָם מֵחֻקֵּי רְצוֹנֶךָ. וְאַתָּה בְּרַחֲמֶיךָ הָרַבִּים, עָמַדְתָּ לָהֶם בְּעֵת צָרָתָם, רַבְתָּ אֶת רִיבָם, דַּנְתָּ אֶת דִּינָם, נָקַמְתָּ אֶת נִקְמָתָם.[1] מָסַרְתָּ גִבּוֹרִים בְּיַד חַלָּשִׁים, וְרַבִּים בְּיַד מְעַטִּים, וּטְמֵאִים בְּיַד טְהוֹרִים, וּרְשָׁעִים בְּיַד צַדִּיקִים, וְזֵדִים בְּיַד עוֹסְקֵי תוֹרָתֶךָ. וּלְךָ עָשִׂיתָ שֵׁם גָּדוֹל וְקָדוֹשׁ בְּעוֹלָמֶךָ, וּלְעַמְּךָ יִשְׂרָאֵל עָשִׂיתָ תְּשׁוּעָה גְדוֹלָה[2] וּפֻרְקָן כְּהַיּוֹם הַזֶּה. וְאַחַר כֵּן בָּאוּ בָנֶיךָ לִדְבִיר בֵּיתֶךָ, וּפִנּוּ אֶת הֵיכָלֶךָ, וְטִהֲרוּ אֶת מִקְדָּשֶׁךָ, וְהִדְלִיקוּ נֵרוֹת בְּחַצְרוֹת קָדְשֶׁךָ, וְקָבְעוּ שְׁמוֹנַת יְמֵי חֲנֻכָּה אֵלּוּ, לְהוֹדוֹת וּלְהַלֵּל לְשִׁמְךָ הַגָּדוֹל.

On Purim:

בִּימֵי מָרְדְּכַי וְאֶסְתֵּר בְּשׁוּשַׁן הַבִּירָה, כְּשֶׁעָמַד עֲלֵיהֶם הָמָן הָרָשָׁע, בִּקֵּשׁ לְהַשְׁמִיד לַהֲרֹג וּלְאַבֵּד אֶת כָּל הַיְּהוּדִים, מִנַּעַר וְעַד זָקֵן, טַף וְנָשִׁים בְּיוֹם אֶחָד, בִּשְׁלוֹשָׁה עָשָׂר לְחֹדֶשׁ שְׁנֵים עָשָׂר, הוּא חֹדֶשׁ אֲדָר, וּשְׁלָלָם לָבוֹז.[3] וְאַתָּה בְּרַחֲמֶיךָ הָרַבִּים הֵפַרְתָּ אֶת עֲצָתוֹ, וְקִלְקַלְתָּ אֶת מַחֲשַׁבְתּוֹ, וַהֲשֵׁבוֹתָ לּוֹ גְּמוּלוֹ בְּרֹאשׁוֹ, וְתָלוּ אוֹתוֹ וְאֶת בָּנָיו עַל הָעֵץ.

וְעַל הַכֹּל יהוה אֱלֹהֵינוּ אֲנַחְנוּ מוֹדִים לָךְ, וּמְבָרְכִים אוֹתָךְ, יִתְבָּרַךְ שִׁמְךָ בְּפִי כָּל חַי תָּמִיד לְעוֹלָם וָעֶד. כַּכָּתוּב, וְאָכַלְתָּ וְשָׂבָעְתָּ, וּבֵרַכְתָּ אֶת יהוה אֱלֹהֶיךָ, עַל הָאָרֶץ הַטֹּבָה אֲשֶׁר נָתַן לָךְ.[4] ❖ בָּרוּךְ אַתָּה יהוה, עַל הָאָרֶץ וְעַל הַמָּזוֹן. (Others – אָמֵן.)

הברכה השלישית – בנין ירושלים

רַחֵם (נָא) יהוה אֱלֹהֵינוּ עַל יִשְׂרָאֵל עַמֶּךָ, וְעַל יְרוּשָׁלַיִם עִירֶךָ, וְעַל צִיּוֹן מִשְׁכַּן כְּבוֹדֶךָ, וְעַל מַלְכוּת בֵּית דָּוִד מְשִׁיחֶךָ, וְעַל הַבַּיִת הַגָּדוֹל וְהַקָּדוֹשׁ שֶׁנִּקְרָא שִׁמְךָ עָלָיו.

(1) Cf. *Jeremiah* 51:36. (2) Cf. *I Samuel* 19:5. (3) *Esther* 3:13. (4) *Deuteronomy* 8:10.

אֱלֹהֵינוּ אָבִינוּ רְעֵנוּ זוּנֵנוּ פַּרְנְסֵנוּ וְכַלְכְּלֵנוּ וְהַרְוִיחֵנוּ, וְהַרְוַח לָנוּ יהוה אֱלֹהֵינוּ מְהֵרָה מִכָּל צָרוֹתֵינוּ. וְנָא אַל תַּצְרִיכֵנוּ יהוה אֱלֹהֵינוּ, לֹא לִידֵי מַתְּנַת בָּשָׂר וָדָם, וְלֹא לִידֵי הַלְוָאָתָם, כִּי אִם לְיָדְךָ הַמְּלֵאָה הַפְּתוּחָה הַקְּדוֹשָׁה וְהָרְחָבָה, שֶׁלֹּא נֵבוֹשׁ וְלֹא נִכָּלֵם לְעוֹלָם וָעֶד.

On the Sabbath add the following:

רְצֵה וְהַחֲלִיצֵנוּ יהוה אֱלֹהֵינוּ בְּמִצְוֹתֶיךָ, וּבְמִצְוַת יוֹם הַשְּׁבִיעִי הַשַּׁבָּת הַגָּדוֹל וְהַקָּדוֹשׁ הַזֶּה, כִּי יוֹם זֶה גָּדוֹל וְקָדוֹשׁ הוּא לְפָנֶיךָ, לִשְׁבָּת בּוֹ וְלָנוּחַ בּוֹ בְּאַהֲבָה כְּמִצְוַת רְצוֹנֶךָ, וּבִרְצוֹנְךָ הָנִיחַ לָנוּ יהוה אֱלֹהֵינוּ, שֶׁלֹּא תְהֵא צָרָה וְיָגוֹן וַאֲנָחָה בְּיוֹם מְנוּחָתֵנוּ, וְהַרְאֵנוּ יהוה אֱלֹהֵינוּ בְּנֶחָמַת צִיּוֹן עִירֶךָ, וּבְבִנְיַן יְרוּשָׁלַיִם עִיר קָדְשֶׁךָ, כִּי אַתָּה הוּא בַּעַל הַיְשׁוּעוֹת וּבַעַל הַנֶּחָמוֹת.

On Rosh Chodesh, Chol HaMoed, and Festivals add:

אֱלֹהֵינוּ וֵאלֹהֵי אֲבוֹתֵינוּ, יַעֲלֶה, וְיָבֹא, וְיַגִּיעַ, וְיֵרָאֶה, וְיֵרָצֶה, וְיִשָּׁמַע, וְיִפָּקֵד, וְיִזָּכֵר זִכְרוֹנֵנוּ וּפִקְדוֹנֵנוּ, וְזִכְרוֹן אֲבוֹתֵינוּ, וְזִכְרוֹן מָשִׁיחַ בֶּן דָּוִד עַבְדֶּךָ, וְזִכְרוֹן יְרוּשָׁלַיִם עִיר קָדְשֶׁךָ, וְזִכְרוֹן כָּל עַמְּךָ בֵּית יִשְׂרָאֵל לְפָנֶיךָ, לִפְלֵיטָה לְטוֹבָה לְחֵן וּלְחֶסֶד וּלְרַחֲמִים, לְחַיִּים וּלְשָׁלוֹם בְּיוֹם

Rosh Chodesh: רֹאשׁ הַחֹדֶשׁ הַזֶּה. Pesach: חַג הַמַּצּוֹת הַזֶּה. Shavuos: חַג הַשָּׁבֻעוֹת הַזֶּה.

Rosh Hashanah: הַזִּכָּרוֹן הַזֶּה. Succos: חַג הַסֻּכּוֹת הַזֶּה. Shemini Atzeres/Simchas Torah: הַשְּׁמִינִי חַג הָעֲצֶרֶת הַזֶּה.

זָכְרֵנוּ יהוה אֱלֹהֵינוּ בּוֹ לְטוֹבָה, וּפָקְדֵנוּ בוֹ לִבְרָכָה, וְהוֹשִׁיעֵנוּ בוֹ לְחַיִּים. וּבִדְבַר יְשׁוּעָה וְרַחֲמִים, חוּס וְחָנֵּנוּ וְרַחֵם עָלֵינוּ וְהוֹשִׁיעֵנוּ, כִּי אֵלֶיךָ עֵינֵינוּ, כִּי אֵל (מֶלֶךְ) חַנּוּן וְרַחוּם אָתָּה.[1]

❖ **וּבְנֵה** יְרוּשָׁלַיִם עִיר הַקֹּדֶשׁ בִּמְהֵרָה בְיָמֵינוּ. בָּרוּךְ אַתָּה יהוה, בּוֹנֵה (בְרַחֲמָיו) יְרוּשָׁלָיִם. אָמֵן.

(Others – אָמֵן.)

(1) Cf. *Nehemiah* 9:31.

ברכת המזון

It is customary to recite Psalm 126 before *Bircas HaMazon* on the Sabbath and Festivals.

תהלים קלז

עַל נַהֲרוֹת בָּבֶל, שָׁם יָשַׁבְנוּ גַּם בָּכִינוּ, בְּזָכְרֵנוּ אֶת צִיּוֹן. עַל עֲרָבִים בְּתוֹכָהּ תָּלִינוּ כִּנֹּרוֹתֵינוּ. כִּי שָׁם שְׁאֵלוּנוּ שׁוֹבֵינוּ דִּבְרֵי שִׁיר וְתוֹלָלֵינוּ שִׂמְחָה, שִׁירוּ לָנוּ מִשִּׁיר צִיּוֹן. אֵיךְ נָשִׁיר אֶת שִׁיר יהוה, עַל אַדְמַת נֵכָר. אִם אֶשְׁכָּחֵךְ יְרוּשָׁלָיִם, תִּשְׁכַּח יְמִינִי. תִּדְבַּק לְשׁוֹנִי לְחִכִּי, אִם לֹא אֶזְכְּרֵכִי, אִם לֹא אַעֲלֶה אֶת יְרוּשָׁלַיִם עַל רֹאשׁ שִׂמְחָתִי. זְכֹר יהוה לִבְנֵי אֱדוֹם אֵת יוֹם יְרוּשָׁלָיִם, הָאֹמְרִים עָרוּ עָרוּ, עַד הַיְסוֹד בָּהּ. בַּת בָּבֶל הַשְּׁדוּדָה, אַשְׁרֵי שֶׁיְּשַׁלֶּם לָךְ אֶת גְּמוּלֵךְ שֶׁגָּמַלְתְּ לָנוּ. אַשְׁרֵי שֶׁיֹּאחֵז וְנִפֵּץ אֶת עֹלָלַיִךְ אֶל הַסָּלַע.

תהלים קכו

שִׁיר הַמַּעֲלוֹת, בְּשׁוּב יהוה אֶת שִׁיבַת צִיּוֹן, הָיִינוּ כְּחֹלְמִים. אָז יִמָּלֵא שְׂחוֹק פִּינוּ וּלְשׁוֹנֵנוּ רִנָּה, אָז יֹאמְרוּ בַגּוֹיִם, הִגְדִּיל יהוה לַעֲשׂוֹת עִם אֵלֶּה. הִגְדִּיל יהוה לַעֲשׂוֹת עִמָּנוּ, הָיִינוּ שְׂמֵחִים. שׁוּבָה יהוה אֶת שְׁבִיתֵנוּ, כַּאֲפִיקִים בַּנֶּגֶב. הַזֹּרְעִים בְּדִמְעָה בְּרִנָּה יִקְצֹרוּ. הָלוֹךְ יֵלֵךְ וּבָכֹה נֹשֵׂא מֶשֶׁךְ הַזָּרַע, בֹּא יָבֹא בְרִנָּה, נֹשֵׂא אֲלֻמֹּתָיו.

תְּהִלַּת יהוה יְדַבֶּר פִּי, וִיבָרֵךְ כָּל בָּשָׂר שֵׁם קָדְשׁוֹ לְעוֹלָם וָעֶד.[1] וַאֲנַחְנוּ נְבָרֵךְ יָהּ, מֵעַתָּה וְעַד עוֹלָם, הַלְלוּיָהּ.[2] הוֹדוּ לַיהוה כִּי טוֹב, כִּי לְעוֹלָם חַסְדּוֹ.[3] מִי יְמַלֵּל גְּבוּרוֹת יהוה, יַשְׁמִיעַ כָּל תְּהִלָּתוֹ.[4]

הִנְנִי מוּכָן וּמְזֻמָּן לְקַיֵּם מִצְוַת עֲשֵׂה שֶׁל בִּרְכַּת הַמָּזוֹן, שֶׁנֶּאֱמַר: וְאָכַלְתָּ וְשָׂבָעְתָּ, וּבֵרַכְתָּ אֶת יהוה אֱלֹהֶיךָ, עַל הָאָרֶץ הַטֹּבָה אֲשֶׁר נָתַן לָךְ.[5]

(1) *Psalms* 145:21. (2) 115:18. (3) 118:1. (4) 106:2. (5) *Deuteronomy* 8:10.

זימון

If three or more males, aged thirteen or older, participate in a meal, a leader is appointed to formally invite the others to join him in the recitation of *Bircas HaMazon*.

Leader – רַבּוֹתַי מִיר וֶועלֶען בֶּענְטְשֶׁען [רַבּוֹתַי נְבָרֵךְ].

Others – יְהִי שֵׁם יהוה מְבֹרָךְ מֵעַתָּה וְעַד עוֹלָם.[1]

If ten men join in the *zimun,* the words in parentheses are added.

Leader – יְהִי שֵׁם יהוה מְבֹרָךְ מֵעַתָּה וְעַד עוֹלָם.[1]

בִּרְשׁוּת מָרָנָן וְרַבָּנָן וְרַבּוֹתַי, נְבָרֵךְ (אֱלֹהֵינוּ) שֶׁאָכַלְנוּ מִשֶּׁלּוֹ.

Others – בָּרוּךְ (אֱלֹהֵינוּ) שֶׁאָכַלְנוּ מִשֶּׁלּוֹ וּבְטוּבוֹ חָיִינוּ.

Those who have not eaten respond:

בָּרוּךְ (אֱלֹהֵינוּ) וּמְבֹרָךְ שְׁמוֹ תָּמִיד לְעוֹלָם וָעֶד.

Leader – בָּרוּךְ (אֱלֹהֵינוּ) שֶׁאָכַלְנוּ מִשֶּׁלּוֹ וּבְטוּבוֹ חָיִינוּ.

All – בָּרוּךְ הוּא וּבָרוּךְ שְׁמוֹ.

The *zimun* leader recites Grace After Meals (at least the first blessing and the conclusion of the others) aloud. Other than the *Amen* response at the conclusion of each blessing, Grace After Meals may not be interrupted except for those responses permitted during the *Shema*.

הברכה הראשונה – ברכת הזן

בָּרוּךְ אַתָּה יהוה אֱלֹהֵינוּ מֶלֶךְ הָעוֹלָם, הַזָּן אֶת הָעוֹלָם כֻּלּוֹ, בְּטוּבוֹ, בְּחֵן בְּחֶסֶד וּבְרַחֲמִים, הוּא נֹתֵן לֶחֶם לְכָל בָּשָׂר, כִּי לְעוֹלָם חַסְדּוֹ.[2] וּבְטוּבוֹ הַגָּדוֹל, תָּמִיד לֹא חָסַר לָנוּ, וְאַל יֶחְסַר לָנוּ מָזוֹן לְעוֹלָם וָעֶד. בַּעֲבוּר שְׁמוֹ הַגָּדוֹל, כִּי הוּא אֵל זָן וּמְפַרְנֵס לַכֹּל, וּמֵטִיב לַכֹּל, וּמֵכִין מָזוֹן לְכָל בְּרִיּוֹתָיו אֲשֶׁר בָּרָא. ❖ בָּרוּךְ אַתָּה יהוה, הַזָּן אֶת הַכֹּל. (Others – אָמֵן.)

הברכה השניה – ברכת הארץ

נוֹדֶה לְּךָ יהוה אֱלֹהֵינוּ, עַל שֶׁהִנְחַלְתָּ לַאֲבוֹתֵינוּ אֶרֶץ חֶמְדָּה טוֹבָה וּרְחָבָה. וְעַל שֶׁהוֹצֵאתָנוּ יהוה אֱלֹהֵינוּ מֵאֶרֶץ מִצְרַיִם, וּפְדִיתָנוּ מִבֵּית עֲבָדִים, וְעַל בְּרִיתְךָ שֶׁחָתַמְתָּ בִּבְשָׂרֵנוּ, וְעַל תּוֹרָתְךָ שֶׁלִּמַּדְתָּנוּ, וְעַל חֻקֶּיךָ שֶׁהוֹדַעְתָּנוּ, וְעַל חַיִּים חֵן וָחֶסֶד שֶׁחוֹנַנְתָּנוּ, וְעַל אֲכִילַת מָזוֹן שָׁאַתָּה

(1) *Psalms* 113:2. (2) 136:25.